HISTORIAS REALES DE FANTASMAS Y ESPECTROS

Encuentros que Ocurrieron con los Seres del más Allá

BLAKE AGUILAR

© Copyright 2021 – Blake Aguilar - Todos los derechos reservados.

Este documento está orientado a proporcionar información exacta y confiable con respecto al tema tratado. La publicación se vende con la idea de que el editor no tiene la obligación de prestar servicios oficialmente autorizados o de otro modo calificados. Si es necesario un consejo legal o profesional, se debe consultar con un individuo practicado en la profesión.

- Tomado de una Declaración de Principios que fue aceptada y aprobada por unanimidad por un Comité del Colegio de Abogados de Estados Unidos y un Comité de Editores y Asociaciones.

De ninguna manera es legal reproducir, duplicar o transmitir cualquier parte de este documento en forma electrónica o impresa.

La grabación de esta publicación está estrictamente prohibida y no se permite el almacenamiento de este documento a menos que cuente con el permiso por escrito del editor. Todos los derechos reservados.

La información provista en este documento es considerada veraz y coherente, en el sentido de que cualquier responsabilidad, en términos de falta de atención o de otro tipo, por el uso o abuso de cualquier política, proceso o dirección contenida en el mismo, es responsabilidad absoluta y exclusiva del lector receptor. Bajo ninguna circunstancia se responsabilizará legalmente al editor por cualquier reparación, daño o pérdida monetaria como consecuencia de la información contenida en este documento, ya sea directa o indirectamente.

Los autores respectivos poseen todos los derechos de autor que no pertenecen al editor.

La información contenida en este documento se ofrece únicamente con fines informativos, y es universal como tal. La presentación de la información se realiza sin contrato y sin ningún tipo de garantía endosada.

El uso de marcas comerciales en este documento carece de consentimiento, y la publicación de la marca comercial no tiene ni el permiso ni el respaldo del propietario de la misma.

Todas las marcas comerciales dentro de este libro se usan solo para fines de aclaración y pertenecen a sus propietarios, quienes no están relacionados con este documento.

Índice

Introducción	vii
1. Más sobre los fantasmas	1
2. La bruja de Bell	15
3. Jack de tacón de primavera	29
4. Horror en Amityville	51
5. Los fantasmas históricos del Palacio de Hampton Court	69
6. El fantasma del puente Bellamy	75
7. El fantasma de la isla de los ciervos y el fantasma del aguardiente	83
8. El gran misterio de Amherst	89
9. La leyenda de la Llorona	103
10. Xtabay: Bruja de la selva de los mayas	119
11. La Santa Compaña, la procesión de los malditos	129
12. Guadalajara fantasma	139
Conclusiones	149
Bibliografía	161

Introducción

Desde la antigüedad, las historias de fantasmas -cuentos de espíritus que regresan de entre los muertos para rondar los lugares que dejaron atrás- han ocupado un lugar destacado en el folclore de muchas culturas de todo el mundo. Un rico subgrupo de estos relatos se refiere a personajes históricos que van desde reinas y políticos hasta escritores y gánsteres, muchos de los cuales tuvieron una muerte temprana, violenta o misteriosa.

¿Qué es un fantasma? El concepto de fantasma, también conocido como espectro, se basa en la antigua idea de que el espíritu de una persona existe por separado de su cuerpo y puede seguir existiendo después de su muerte.

Debido a esta idea, muchas sociedades empezaron a utilizar los rituales funerarios como forma de asegurar que el espíritu de la persona muerta no volviera a "perseguir" a los vivos.

De esa forma, por ejemplo, se dice que el famoso mafioso Al Capone se apareció a los visitantes irrespetuosos en su parcela funeraria en un cementerio de Illinois. Se supone que se ha escuchado música espectral de banjo procedente del interior de la antigua celda de Capone en Alcatraz, donde fue uno de los primeros reclusos.

Los lugares embrujados suelen estar asociados a algún suceso o emoción del pasado del fantasma; a menudo se trata de una antigua casa o del lugar donde murió.

Aparte de las apariciones fantasmales reales, los signos tradicionales de embrujo van desde ruidos, luces, olores o brisas extrañas hasta el desplazamiento de objetos, campanas que suenan espontáneamente o instrumentos musicales que parecen tocar por sí solos.

Los primeros avistamientos de fantasmas. En el siglo I d.C., el gran escritor y estadista romano Plinio el Joven registró una de las primeras historias de fantasmas notables en sus cartas, que se hicieron famosas por su vívido relato de la vida durante el apogeo del Imperio Romano.

Introducción

Plinio informó de que el espectro de un anciano con una larga barba, que hacía sonar cadenas, rondaba su casa en Atenas.

El escritor griego Luciano y el compañero romano de Plinio, Plauto, también escribieron memorables historias de fantasmas.

Siglos más tarde, en el año 856 d.C., se informó de la aparición del primer poltergeist -un fantasma que provoca alteraciones físicas, como ruidos fuertes u objetos que caen o son lanzados- en una granja de Alemania. El poltergeist atormentaba a la familia que vivía allí lanzando piedras y provocando incendios, entre otras cosas.

Uno de los avistamientos de fantasmas más frecuentes en Inglaterra se remonta al siglo XVI. Ana Bolena, la segunda esposa del rey Enrique VIII y madre de la reina Isabel I, fue ejecutada en la Torre de Londres en mayo de 1536 tras ser acusada de brujería, traición, incesto y adulterio. Se ha informado de avistamientos del fantasma de Bolena en la torre y en otros lugares, como la casa de su infancia, el castillo de Hever, en Kent.

La rica tradición de fantasmas históricos de Estados Unidos comienza con uno de sus más ilustres padres fundadores: Benjamin Franklin.

Introducción

A finales del siglo XIX, el fantasma de Franklin fue visto cerca de la biblioteca de la Sociedad Filosófica Americana de Filadelfia (Pensilvania); algunos informes sostienen que la estatua de Franklin situada frente a la sociedad cobra vida y baila por las calles.

Aunque a lo largo de los años se ha informado de muchos avistamientos de fantasmas en la Casa Blanca de Washington, D.C., quizá ninguna figura política haya hecho tan frecuentes apariciones en el más allá como Abraham Lincoln, el decimosexto presidente de la nación, que murió por la bala de un asesino en abril de 1865. Se dice que Lincoln, antiguo abogado y congresista de Illinois, ha sido visto deambulando cerca del antiguo edificio del capitolio de Springfield, así como en sus cercanos despachos de abogados. En la Casa Blanca, todo el mundo, desde las primeras damas hasta las reinas y los primeros ministros, ha declarado haber visto el fantasma o haber sentido la presencia del Honesto Abe, especialmente durante el gobierno de Franklin D. Roosevelt, otro presidente que guió al país en una época de gran agitación y guerra.

Algunos lugares parecen prestarse a ser embrujados, tal vez debido a los dramáticos o espeluznantes sucesos que ocurrieron allí en el pasado.

Introducción

A lo largo de los siglos, se ha informado de avistamientos de ejércitos espectrales en famosos campos de batalla de todo el mundo, incluidos importantes lugares de batalla de la Guerra Civil inglesa en el siglo XVII, el sangriento campo de batalla de la Guerra Civil de Gettysburg y los lugares de la Primera Guerra Mundial de Gallipoli (cerca de Turquía) y el Somme (norte de Francia).

Otro centro especialmente activo de actividad paranormal es el HMS Queen Mary, un crucero construido en 1936 para la Cunard-White Star Line. Después de servir en la Marina Real Británica en la Segunda Guerra Mundial, el barco de 81.000 toneladas se retiró en Long Beach (California) en 1967; el plan era convertirlo en un hotel y centro turístico de lujo flotante. Desde entonces, el Queen Mary se ha hecho famoso por sus presencias espectrales, con más de 50 fantasmas declarados a lo largo de los años. El último jefe de máquinas del barco, John Smith, declaró haber oído sonidos y voces inexplicables en la zona cercana a la proa del barco, casi en el mismo lugar en el que un condenado crucero de la aviación británica, el Coracoa, se había hecho un agujero cuando se hundió tras un accidente en tiempos de guerra que mató a más de 300 marineros a bordo.

Entre las grandes ciudades, Nueva York es especialmente rica en historias de fantasmas.

Introducción

El espíritu de Peter Stuyvesant, el último gobernador colonial holandés de la ciudad, ha sido visto paseando por el East Village sobre su pata de palo desde poco después de su muerte en 1672. Se cree que el escritor Mark Twain frecuenta el hueco de la escalera del que fue su edificio de apartamentos en el Village, mientras que se dice que el fantasma del poeta Dylan Thomas ocupa a veces su mesa habitual en la esquina de la taberna White Horse del West Village, donde se bebió 18 tragos de whisky en 1953. Quizá el fantasma más famoso de Nueva York sea el de Aaron Burr, que fue vicepresidente de Thomas Jefferson, pero que es más conocido por haber matado a Alexander Hamilton en un duelo en 1804. Se dice que el fantasma de Burr recorre las calles de su antiguo barrio (también el West Village). La actividad espectral de Burr se centra sobre todo en un restaurante, One if By Land, Two if By Sea, que se encuentra en un edificio de Barrow Street que en su día fue la casa de carruajes de Burr.

En este libro encontrarás más historias de fantasmas.

Poco a poco te adentrarás a este mundo que, justamente, trata de cosas que no son de este mundo. Las historias de fantasmas no solo despiertan un gusto a las personas interesadas en el oculto, siniestro y sobrenatural, sino que también a las personas que les gustan las buenas narraciones, la historia y la psicología.

Introducción

Esperamos que en estas páginas encuentres lo que buscas y también lo que no buscas, para que las palabras y acontecimientos tengan la capacidad de sorprenderte. Pero también buscamos que tengas una mirada crítica. Antes de entrar de lleno a las historias, es conveniente profundizar alrededor de los fantasmas y sus tipos.

1

Más sobre los fantasmas

Esta es una lista muy general de algunos tipos de manifestaciones que uno se puede encontrar. Esta lista no pretende ser exhaustiva; tan sólo es una visión general que preparará al lector para las historias en los siguientes capítulos.

Las apariciones residuales parecen ser el evento paranormal más común. En esencia, parecen ser una huella psíquica del pasado. Este tipo de manifestación puede ocurrir en el lugar de un acto violento, como una violación, un asesinato o un suicidio. Esta emoción y/o trauma altamente potente e intenso puede ser tan fuerte que se queda adherida a un lugar permanentemente a un lugar o a un objeto, y puede reproducirse una y otra vez.

Es casi como si estuvieran en un "bucle de cinta" realizando las mismas acciones una y otra vez.

A diferencia de la violencia, estos eventos también pueden ocurrir en un lugar donde alguien estaba feliz o simplemente cómodo. El fantasma adopta una actividad y continúa realizando estas acciones mucho tiempo después de la muerte. Tal vez esta entidad no se da cuenta de que ha muerto, o tal vez está tan cómoda que simplemente se niega a irse y pasa todo el camino hacia el otro lado.

Estos sucesos pueden repetirse regularmente a una hora determinada, en determinado mes, anualmente o incluso en intervalos imprevisibles como cada varias décadas o en un aniversario especial. Por lo general, la entidad es completamente inconsciente de todo lo que ocurre a su alrededor. Son ajenos al paso del tiempoo las transiciones de propiedad u observaciones. Para ellos, sólo existe ese momento. No hay nada más, ni nadie más.

Sin embargo, a veces pueden interactuar con objetos familiares como llaves, muebles, juguetes y objetos de su espacio vital, como puertas y ventanas. También puedes encontrarte con un Espíritu incorpóreo en el desasosiego.

. . .

Este tipo de manifestación es un poco más complicado. A menudo un espíritu desencarnado es consciente de sí mismo y puede buscar atención e interactuar con los vivos.

Al igual que los espíritus residuales, los espíritus desencarnados suelen ser el resultado de una muerte traumática o en algunos casos hay un conflicto o relación no resuelta.

Por alguna razón, una preocupación terrenal deja a este espíritu sin paz ni descanso. Parecen incapaces - o no quieren- de pasar al siguiente plano de existencia.

Estas manifestaciones tienen personalidades, gustos y disgustos, y a menudo tienen objetivos. También tienen una voluntad y (a veces) el poder de ejercer esa voluntad sobre el mundo físico. Un espíritu desencarnado puede manifestarse utilizando cualquiera de los sentidos (o una combinación de ellos). Algunos de los fenómenos generalmente asociados con estos espíritus incluyen visiones y sonidos extraños, sentimientos de temor, enfermedad, presión (toques), olores y eventos físicos inexplicables (puertas que se cierran de golpe o incluso objetos que se mueven o se rompen).

. . .

Estos son los acontecimientos que suelen aparecer en fotografías, registrarse en los dispositivos CEM y dejan mensajes de voz en las grabadoras. Si una zona es "activa", los espíritus desencarnados son los más fáciles de detectar y los más fáciles de malinterpretar.

Los fantasmas parecen mantener su propio horario y la imprevisibilidad es uno de los factores que hace que una investigación objetiva sea muy complicada de efectuar. En muchos casos, sólo hay que estar en el lugar correcto en el momento adecuado. Por eso, un evento que ocurre con un grado muy alto de predictibilidad o un evento que ocurre cada vez que se mira es sospechoso. En estos casos, casi siempre hay siempre una explicación natural. Un investigador siempre asume que hay una explicación natural y busca la fuente de ese evento antes de salir corriendo de la habitación gritando "¡fantasma!"

Durante una investigación considera los siguientes patrones:

Un fantasma intermitente no tiene un patrón u horario obvio. El fantasma puede ser visto varias veces en un día y luego no aparecer durante varias semanas o incluso durante varios años. Cuando se detecta este tipo de manifestación, el factor de credibilidad puede ser bastante alto.

De forma similar, puede encontrarse un fantasma cíclico.

Estas apariciones se presentan en un horario regular. Tú puedes verlos todos los días a la misma hora, o en un día particular cada semana o quizás una vez al mes o en una fecha específica. Cuando se encuentra un fantasma intermitente, es necesario investigar a fondo para apoyar el evento.

Al igual que un fantasma cíclico, un fantasma de aniversario aparecerá en una fecha específica. Casi siempre esta fecha es el aniversario de un evento que fue importante para ellos cuando estaban vivos. A diferencia de los fantasmas cíclicos, los fantasmas de aniversario suelen aparecer en una fecha, independientemente del día de la semana. Además, la hora del día puede (o no) ser un factor.

El principio de incertidumbre de Heisenberg establece que la observación de un evento cambia el acontecimiento.

Este parece ser el caso de los Fantasmas Reactivos. En otras palabras, estos fantasmas manifiestan una persona viva que modifica el entorno local. Por ejemplo, si una espada es de la pared o si se traslada su retrato a una nueva ubicación, pueden producirse fenómenos inquietantes hasta que el cambio se deshaga. Los fantasmas reactivos también pueden aparecer como resultado de remodelaciones u otras modificaciones en el edificio.

Esencialmente, un fantasma reactivo parece ser un animal de costumbres.

Otra forma de fantasma reactivo es el llamado fantasma de una sola aparición. Como su nombre indica, estos espíritus aparecen una vez y nunca más se les vuelve a ver. En algunos casos un fantasma de una sola vez puede incluso ser desencadenado por una investigación. En otras palabras, se lleva a cabo una investigación, el fantasma se manifiesta, tal vez sólo para llamar la atención o tal vez sólo por curiosidad. Luego se va, para no ser visto nunca más. Un fantasma de una sola aparición puede ser una manifestación muy fuerte, pero es la más difícil de documentar porque, por definición, y quizás por la intención, nunca se les vuelve a ver.

. . .

Un fantasma no siempre está ligado a un solo lugar. Una entidad que persigue a más de un sitio se llama Fantasma Circulante. Hay que tener en cuenta que un Fantasma Circulante también puede ser cíclico. Se cree que estos fantasmas viajan a lo largo de líneas o tal vez sigan una ruta de energía residual. Algunos investigadores creen que los fantasmas circulantes pueden haber encontrado varios lugares importantes y como resultado los visitan todos. Un tipo muy raro de fantasma circulatorio puede adherirse a una persona significativa, una persona que tiene una conexión directa con el espíritu, y sigue a esta persona a diferentes lugares por inducción paranormal.

En ocasiones, este tipo de manifestación se une a una mascota muy querida. A los fantasmas Circulantes a veces se les llama fantasmas errantes.

Características de la personalidad: Asumiendo que los fantasmas fueron alguna vez personas vivas, hay tantas personalidades diferentes entre los espíritus como las hay entre las personas. Nosotros podríamos entrar en el tipo de personalidad, agresiva, pasiva, introvertida, extrovertida y así sucesivamente. Sin embargo, en un intento de simplificar. Vamos a discutir sólo dos tipos generales:

. . .

La mayoría de los fantasmas parecen ser fantasmas benignos. Estos fantasmas no pretenden hacer daño y, de hecho, pueden incluso proporcionar ayuda y consuelo.

No hay razón para tener miedo, sólo para disfrutar de la experiencia. Los fantasmas benignos pueden actuar de diversas maneras, pero en su mayoría encontrarás que tienden a ser benévolos. Si fueron buenas personas mientras estaban vivas, es probable que sean agradables después de la muerte. Sin embargo, ten en cuenta que todos los fantasmas pueden ser un poco caóticos y a menudo no son conscientes de su entorno. Un fantasma benigno no hará daño intencionadamente, pero en ocasiones pueden ocurrir accidentes porque no se dan cuenta de lo que puede ocurrir a su alrededor.

Por el contrario, en ocasiones nos encontramos con fantasmas malévolos. Este tipo de espíritu es bastante raro, y de hecho, los espíritus malévolos pueden no ser fantasmas en absoluto. Al igual que existen personas buenas y malas en nuestro mundo, los fantasmas pueden ser buenos o malos. Si en vida, una persona fue maliciosa o cruel, ocasionalmente mantiene esta faceta de su personalidad en muerte. Hay que señalar que un fantasma malévolo a veces, pero rara vez tienen suficiente energía para hacer mucho daño.

Pueden ser aterradores, pero los fantasmas malévolos son más probables que causen más daño mentalmente.

De nuevo, los fantasmas malévolos son bastante raros. Al igual que en la vida, hay más gente buena que gente "malvada".

Estas manifestaciones pueden ser adversas, tienen la intención de hacer daño, o pueden ser simplemente malas. Suelen ser algo embaucadores, pero los fantasmas benignos también pueden ser "juguetones" y no darse cuenta de que lo que están haciendo es crear una situación peligrosa.

Por el contrario, lo que parece ser un fantasma malévolo a menudo no es más que un espíritu benigno que no es consciente de su entorno. Puede causar daño, pero en realidad no es malvado en absoluto. Recuerda que estamos que estamos tratando con cosas que no se entienden muy bien. Utiliza un poco de sentido común.

Ten siempre cuidado. Asume que puedes salir herido, evita situaciones que puedan ser incómodas, y todo saldrá bien.

Los cinco niveles de encuentros:

Hay muchas formas de "detectar" un fantasma. Pueden aparecer en fotografías o vídeos. Pueden manifestarse como sonidos de fondo en grabaciones de audio o tal vez simplemente ser percibidos como energía electromagnética. Una manifestación puede ser nada más que una sensación; puede ser un simple punto de luz, y ocasionalmente materialización completa en la que el fantasma parece absolutamente vivo y bien, como cualquier persona viva.

Cuando nos encontramos con un acontecimiento, necesitamos una forma de cuantificarlo para que la experiencia pueda ser comparada con otros eventos. Los investigadores modernos han adoptado una escala de cinco niveles que puede aplicarse en todas las situaciones. No hay niveles exactos en los que aparezca una anomalía. Por ejemplo, no existe un encuentro puro de la fase 1 o de la fase 2. puro. Sin embargo, por coherencia, podemos aplicar esta escala general para medir -y registrar- la fuerza de las manifestaciones que experimentamos.

Encuentros de etapa 1 - Anomalía de fondo

. . .

En las primeras etapas de la actividad paranormal, la manifestación parece tener un impacto fugaz en los sentidos humanos básicos. En esta etapa, la manifestación se atribuye a menudo a la imaginación de alguien y es fácilmente explicada o ignorada. Un encuentro de la Etapa 1 puede consistir en:

- Ruidos inexplicables
- Pasos audibles
- Olores
- Sensación de ser observado
- Actividad extraña de animales o mascotas

Etapa 2 Encuentros - Anomalía directa

En la etapa 2, la manifestación ya no puede ser ignorada. Este es el primer nivel en el que se puede documentar la EVP. En este punto los ruidos y olores comienzan a convertirse en algo muy directo. Todo sigue en un nivel muy básico, pero es varias veces más fuerte. Además de las impresiones de la Etapa 1, también puedes experimentar:

- Susurros, risas o carcajadas
- Gemidos y chillidos

- Disparos u otros sonidos de violencia
- Brisas o corrientes de aire
- Sombras inexplicables

Etapa 3 Encuentros - Anomalía energética

Es el momento en que los detectores de CEM y de otras energías comienzan a reaccionar. Se experimentarán lecturas de CEM entre el 50% y el 75% por encima del fondo y las varillas de radiestesia o los cristales mostrarán actividad. La etapa 3 es a menudo se refiere como el "nivel clásico" de un embrujo. Además de los eventos de la Etapa 1 y la Etapa 2, puedes ver, sentir y grabar:

- Electricidad estática fuerte
- Lecturas de CEM medias o altas
- Marcas (no escritura) en el suelo o las paredes
- Encendido y/o apagado de luces y aparatos
- Oír voces o palabras con claridad

Etapa 4 Encuentros - Anomalía física

. . .

En este punto, el encuentro comienza a ganar impulso. Se registran las anomalías fotográficas y el acontecimiento comienza a responder a preguntas o peticiones directas. Suele haber una sensación de conciencia. De nuevo, además de los eventos de la Etapa 1, la Etapa 2 y la Etapa 3, se pueden ver, sentir y grabar eventos:

- Orbes
- Nubes visuales
- Manos invisibles que agarran o tocan
- Puertas que se abren/cierran o se bloquean/desbloquean
- Responde a peticiones o preguntas

Encuentros de la etapa 5 - Anomalía visual

Los encuentros visuales son esencialmente el "santo grial" de la investigación paranormal. Los encuentros en este nivel, el más alto, también pueden incluir un impacto físico en objetos del entorno, experiencias táctiles personales y eventos de audio inconfundibles. En este nivel se puede ver (u oír o sentir):

- Apariciones parciales o completas
- Objetos que vuelan o se mueven

- Objetos que desaparecen y reaparecen en otro lugar
- Contacto físico fuerte, como empujones o incluso golpes

Después de este breve pero necesario análisis sobre los fantasmas es hora de entrar en materia. Esperamos que puedas ver los siguientes cuentos de terror desde una óptica como la que te acabamos de explicar recientemente.

2

La bruja de Bell

SE LE HA LLAMADO la mayor historia de fantasmas de Estados Unidos y ocurrió en Tennessee. En las décadas transcurridas desde que la "bruja" o el "espíritu" se manifestó por primera vez en torno a la familia Bell en su granja del condado de Robertson a principios del siglo XIX, la bruja de Bell ha atraído la atención de cazadores de fantasmas, escépticos, sobrenaturalistas, líderes religiosos, narradores, autores, historiadores y ciudadanos curiosos de todo el mundo.

Las primeras fuentes de la leyenda de la bruja de las campanas son, en el mejor de los casos, dudosas, pero proporcionan una visión estupenda de la omnipresencia de la leyenda y de la progresión de la historia de la bruja de las campanas a lo largo de los años.

Las dos fuentes más famosas, *An Authenticated History of the Famous Bell Witch* de M. V. Ingram, publicada en 1894, y *A Mysterious Spirit: The Bell Witch of Tennessee*, de Charles Bailey Bell, son esencialmente la misma narración y sólo difieren en detalles y estilo. Ambas fuentes cuentan una fascinante historia de lo sobrenatural y proporcionan la base de gran parte del folclore de la bruja de Bell.

La familia Bell: John Bell nació en el condado de Halifax, Carolina del Norte, en 1750, hijo de William Bell y Ann Jones. En 1782 John Bell se casó con Lucy Williams, hija del prominente granjero John Williams del condado de Edgecomb, Carolina del Norte. Los Bell compraron una granja en el condado de Edgecomb y comenzaron a acumular riqueza e influencia en la zona.

En 1804, la familia, compuesta por John y Lucy Bell, y sus hijos Jesse, John Junior, Drewry, Benjamin, Esther, Zadok, Elizabeth, Richard Williams y Joel Egbert, construyeron una casa e iniciaron una granja de 1000 acres, ubicada en el Río Rojo en el Condado de Robertson, Tennessee.

De sus hijos, Benjamín murió de pequeño; Zadok se convirtió en un destacado abogado y se trasladó a Mississippi, donde también murió relativamente joven. Esther se casó con Bennett Porter en 1817. Jesse se casó con Martha Gunn, hija del reverendo Thomas Gunn y más tarde se trasladó a Mississippi. John Bell Junior se casó con Elizabeth Gunn, hija del reverendo Thomas Gunn y se convirtió en un exitoso agricultor en el condado de Robertson. Drewry nunca se casó y fue dueño de una granja en el lado norte del Río Rojo. Elizabeth (Betsy) Bell acabó casándose con su antiguo maestro Richard Powell y se trasladó a Mississippi. Richard Williams Bell se casó tres veces, con Sallie Gunn, hija del reverendo Thomas Gunn, Susan Gunn, hija del reverendo James Gunn, y Eliza Orndorff. Vivió toda su vida en el condado de Robertson. El hijo menor, Joel Egbert, se casó dos veces y se trasladó a Springfield.

A pesar del impacto duradero de lo que los Bells denominaron "Nuestro problema familiar", la familia continuó prosperando y algunos descendientes de los Bells todavía viven en Tennessee y otros estados del sur y del medio oeste.

Comienzan los disturbios: El origen de la legendaria "Bruja de Bell" es, por supuesto, un misterio.

. . .

En los primeros relatos, el propio Espíritu proporciona su origen declarando: "Soy un Espíritu; una vez fui muy feliz, pero me han perturbado y me han hecho infeliz. Soy el Espíritu de una persona que fue enterrada en el bosque cercano y la tumba fue perturbada, mis huesos desenterrados y esparcidos, y uno de mis dientes se perdió bajo esta casa. Estoy aquí buscando ese diente". Por supuesto, esto no puede verificarse; sin embargo, en la región se pueden encontrar varios túmulos de indios.

En otro evento, la bruja afirmó ser "un espíritu de todas partes, del cielo, del infierno, de la tierra; estoy en el aire, en las casas, en cualquier lugar y en cualquier momento; he sido creada hace millones de años".

La primera aparición de perturbaciones inusuales que rodean a la familia Bell se suele relatar como un incidente en la granja en el que John Bell disparó a una criatura "parecida a un perro" que se desvaneció. Drewry y Betsy también comenzaron a ver extrañas criaturas cerca de la propiedad. Estos avistamientos van acompañados de extraños sonidos alrededor de la casa. Betsy, Drewry y John comienzan a oír golpes no explicados en la puerta y las ventanas, el sonido de alas batiendo contra los techos y el sonido de ratas royendo los postes de la cama.

. . .

Más inquietante es el sonido de asfixia y estrangulamiento que se escucha junto con el arrastre de cadenas y el golpeo de objetos pesados contra el suelo. Los sonidos que emanaba del dormitorio eran como si "las camas fueran separadas repentina y bruscamente, a lo que se añadían los sonidos de perros de pelea encadenados, lo que hacía que el ruido fuera ensordecedor". En todos los casos nunca se encontró la fuente del ruido. No se encontró ninguna rata en la casa a pesar de que se registró a fondo y nunca se descubrió ningún daño en el mobiliario. Durante estas manifestaciones, la familia se negó a hablar de los sucesos con sus vecinos.

El "Espíritu" aumentó su actividad, a veces abusando físicamente de los miembros de la familia. Joel, Richard Williams y, especialmente, Betsy fueron sometidos a golpes, pellizcos y tirones de pelo implacables por parte de la bruja Bell.

Lucy Bell y John Junior salieron relativamente ilesos de la bruja. Lucy fue proclamada por el "Espíritu" como la "mujer más perfecta que vive", y la bruja mostró una gran compasión hacia ella, incluso cuidándola y cantándole mientras estaba enferma.

. . .

John Jr. mantuvo largas e intensas conversaciones con la bruja, pero nunca dejó de mostrar su animosidad hacia ella declarando que era el "Espíritu de los condenados". En una famosa ocasión la bruja recitó perfectamente el sermón del Reverendo James Gunn de la Iglesia Metodista de Bethel seguido del sermón de Sugg Fort, a pesar de que originalmente se habían dado a la misma hora con más de 12 millas de diferencia.

Un amigo de la familia, William Porter, afirmó que la bruja se metió en la cama con él, lo que le permitió coger el "Espíritu" de la ropa de cama e intentó arrojarlo al fuego, diciendo que sólo el inmenso peso y el terrible olor que desprendía le impidieron lograrlo.

La bruja y los esclavos de la familia Bell: La Bruja sentía aversión por los esclavos de la familia, los atormentaba sin descanso, los golpeaba y se negaba a dejarlos entrar en la casa. Un esclavo de los Bell, llamado Dean, declaró que se encontró con la bruja varias veces y que se le aparecía con frecuencia en forma de un gran perro o lobo negro, a veces con dos cabezas, a veces sin cabeza. Dean también afirmó haberse convertido en una mula y haber sido atacado varias veces por la bruja. Llevaba consigo en todo momento su hacha y una "bola de bruja", hecha por su esposa, como protección contra la influencia de la bruja.

Los visitantes y vecinos tampoco eran inmunes a las actuaciones de la bruja. En una ocasión, la bruja puso a tres perros (Caesar, Tige y Bulger) sobre los Shakers que viajaban, quienes nunca volvieron a pasar por la granja.

En otro, el vecino y marido de Esther Bell, Bennett Porter, disparó a un tronco nudoso que había sido conjurado por la bruja. Golpeó la corteza y lo cortó; pero, el conjuro se desvaneció. Sólo quedó el árbol doblado y el agujero de la bala.

En otro caso, el Dr. Mize, un notable prestidigitador de Simpson, Kentucky, vino a exorcizar a la bruja y fue burlado y asustado.

John Bell Sr. y Betsy Bell parecían ser los dos más frecuentemente abusados por la Bruja. Por razones que aún no están claras, la bruja se opuso firmemente a la unión de los novios de la infancia, Betsy Bell y Joshua Gardner, recurriendo con frecuencia a burlas despiadadas y abusos físicos. Joshua y Betsy siguieron unidos, pero ella pospuso el matrimonio por miedo a las represalias del Espíritu.

· · ·

Los ataques de la bruja a Betsy no estaban relacionados con su relación con Gardner y la constante amenaza de la bruja empezó a afectarla de tal manera que se volvió propensa a sufrir desmayos y sensaciones de asfixia, pareciendo a menudo agotada y sin vida. Sus experiencias no se limitaron a la propiedad de Bell tampoco. Betsy describió más tarde un incidente:

"Cuando el Espíritu se volvía tan tentador, llenando mi mente de horror y haciendo que me pusiera tan nerviosa, mis padres a menudo me enviaban a casa de un vecino para que descansara una noche. Mi primera noche fuera de casa la pasé con Theny Thorn.... Cuando nos retiramos, se oyeron fuertes golpes en la puerta exterior, que pareció abrirse de golpe, y se sintió una gran ráfaga de viento... Theny se levantó enseguida y encendió una vela; para nuestra sorpresa, la puerta no estaba abierta.

Entonces una voz habló suavemente: "Betsy, no deberías haber venido aquí; sabes que puedo seguirte a cualquier parte. Ahora duerme bien". Una mano suave me dio unas palmaditas en la mejilla y la voz volvió a asegurar que no nos molestarían más esa noche…"

. . .

El resto de la familia intentaba a menudo dar alivio a Betsy y el amigo de la familia Frank Miles prometió proteger a Betsy de cualquier otro abuso del "Espíritu". Betsy dijo: "Frank era el hombre más poderoso que cualquiera de nosotros haya visto, y tan intrépido como cualquier hombre vivo... Una vez me dijo, 'ven a sentarte a mi lado hermanita... nada te molestará mientras yo esté aquí'. La Bruja respondió: 'Vete a casa; no puedes hacer nada bueno aquí'". La bruja comenzó entonces a abusar de Betsy, abofeteándola y tirándole del pelo, antes de volverse contra Miles, derribándolo y enfureciéndolo.

Betsy siguió soportando los abusos del "Espíritu" y, tras anular el matrimonio con Gardner, acabó siendo cortejada y casada con su antiguo maestro de escuela, Richard Powell. A pesar de la aparente disminución de los tormentos de la bruja, en 1820 abandonó la zona con su marido y se estableció en Mississippi.

Uno de los objetivos centrales de la Bruja de Bell parecía ser la muerte de John Bell padre. "El viejo Jack Bell", como lo llamaba el espíritu, recibió maldiciones, amenazas atroces y graves tormentos físicos. Como el abuso continuaba impactando en su psique, Bell se acostó en su cama y fue cuidado por John Jr.

. . .

El 19 de diciembre de 1820, John Bell no abandonó su cama y John Jr. fue al armario para recuperar la medicina para su cuidado. En lugar de los tres frascos de medicina, sólo encontró un frasco. Estaba lleno en un tercio de un líquido oscuro y humeante de origen desconocido. La voz de la bruja se regodeó: "Es inútil que intentes aliviar al viejo Jack: esta vez lo he atrapado; ¡nunca más se levantará de esa cama!". Afirmó del frasco que "le dio al viejo Jack una gran dosis de él anoche mientras estaba profundamente dormido, lo que lo arregló". El contenido del frasco fue arrojado al fuego y estalló en una llamarada azul. John Bell murió el 20 de diciembre de 1820. La bruja de Bell se coló en el funeral interrumpiendo el servicio y cantando canciones subidas de tono.

La leyenda también dice que la bruja de Bell incluso tuvo un encuentro con el entonces futuro presidente Andrew Jackson. Jackson tenía una propiedad en el Río Rojo y deseaba visitar la granja de Bell después de escuchar las historias. Uno de sus carros se atascó por una fuerza invisible y no pudo ser movido, a pesar de azotar a los caballos, examinar las ruedas y hacer que lo empujaran los hombres de su grupo. Exclamó: "Por los eternos muchachos, ésta es la bruja". A lo que la bruja respondió: "Muy bien, general, deje que la carreta se ponga en marcha, nos veremos de nuevo esta noche". La carreta se puso en marcha por sí sola y continuaron su viaje.

Esa noche, en el campamento, un autoproclamado "capa de brujas" o "cazador de brujas" dijo que tenía una bala de plata y obsequió a los hombres con historias de caza de brujas. Jackson susurró a un compañero: "Apuesto a que este tipo es un cobarde errante. Por los eternos, sí que me gustaría que viniera la cosa, quiero verle correr". Tras lo cual se hizo el silencio. De repente se oyó el sonido de unos pasos ligeros brincando en el suelo y la voz dijo: "Muy bien General, estoy a mano y listo para el negocio". La bruja le ordenó al cazador de brujas que disparara, pero el arma no se disparó. El cazador fue golpeado por una fuerza invisible, dijo sentir el dolor de estar clavado por agujas, exclamó que lo habían agarrado por la nariz y huyó de la tienda. La bruja exclamó: "Como el diablo corrió y rogó; apuesto a que no volverá a pasar por aquí con su vieja pistola de caballo para dispararme. Creo que ya es suficiente diversión por esta noche, general, y ya puede irse a la cama. Vendré mañana por la noche y le mostraré otro bribón de esta multitud". Jackson estaba ansioso por quedarse, pero su grupo tuvo suficiente y Jackson regresó a Nashville poco después.

Ahora bien, hay varias teorías que desmienten la existencia de la bruja de Bell como un ente sobrenatural.

· · ·

Mary Catherine "Kate" Batts (fallecida después de 1847), la esposa de Frederick Batts fue considerada por muchos como la culpable de los disturbios conocidos como la "Bruja de la Campana". Aunque no era una mujer pobre, los demás se burlaban de ella en todo el asentamiento de Red River en el condado de Robertson. Su uso inadecuado de las palabras, junto con sus formas a veces extrañas, llevó a muchos a pensar que practicaba Magia Negra u otras formas de ocultismo.

En los primeros años del siglo, Benjamin Batts (el hermano de Frederick Batts) tuvo una disputa con John Bell por la venta de un esclavo. Los hechos de la disputa se "enredaron" más tarde, y se convirtieron en la fuente de un rumor según el cual John Bell y Kate Batts tuvieron la disputa, y que la Bruja de Bell fue creada por Kate Batts para vengarse de Bell. Aunque hay muchas historias que relacionan a la Bruja de Bell con Kate Batts, y algún tipo de desacuerdo que existió entre ella y John Bell, las pruebas recientes sugieren que ella no tuvo nada que ver.

De hecho, en contra de los informes que afirman que se vengará de John Bell en su lecho de muerte, Kate Batts en realidad sobrevivió a John Bell durante muchos años.

· · ·

Hoy en día hay muchos descendientes de la familia Batts que viven en los condados de Cheatham, Montgomery y Robertson.

La cueva de la bruja Bell: Aunque desempeñó un papel relativamente secundario en la leyenda original de la bruja de Bell de principios del siglo XIX, la cueva de la propiedad de John Bell se ha convertido desde entonces en un punto de interés para los visitantes que esperan experimentar un poco de embrujo.

Inscrita en el Registro Histórico Nacional en 2008, la cueva es el único elemento original de la leyenda que puede verse hoy en día sin apenas cambios con respecto a la forma en que la familia Bell la vio en 1817.

Aunque los visitantes de la cueva han informado de numerosos sucesos espeluznantes (incluida la conocida dificultad para tomar fotografías en los alrededores del lugar en la era predigital), desde principios del siglo XIX no se ha informado de nada de la magnitud del embrujo original centrado en la Casa Bell, derribada hace tiempo.

. . .

El mito moderno persiste: Tras la muerte de John Bell, la actividad de la bruja disminuyó bruscamente. El espíritu siguió activo durante el invierno y la primavera de 1821, pero pronto se despidió de la familia diciéndoles que se iría durante siete años. Fieles a su palabra, la familia que permanecía en la propiedad, Lucy, Richard Williams y Joel, afirmaron que la bruja regresó en febrero de 1828, reapareciendo de la misma manera que la primera vez, con camas temblorosas y ruidos inexplicables. Pronto se desvaneció de nuevo, afirmando que volvería a atormentar a los descendientes de Bell una vez más en 1935, pero no se ha informado de otras apariciones específicas de la familia Bell o de su propiedad, al nivel experimentado a principios del siglo XIX. A pesar de ello, continúa la inexplicable actividad en la granja Bell y sus alrededores en Adams, Tennessee. Varios encuentros cerca de la propiedad, a lo largo de la antigua carretera Nashville-Clarksville, y en la famosa cueva de la bruja de Bell siguen atrayendo a turistas y cazadores de fantasmas a Adams. La bruja de Bell ha sido objeto de innumerables libros, análisis, documentales y películas modernas, incluida la película de 2006 *An American Haunting*, basada en la leyenda de la bruja de Bell. Aunque el embrujo de la familia Bell terminó aparentemente hace casi 200 años, las historias de la bruja de Bell son tan convincentes en 2009 como lo fueron en 1819.

3

Jack de tacón de primavera

Spring Heeled Jack (también Jack tacón de primavera.) es un personaje del folclore inglés del que se dice que existió durante la época victoriana y que era capaz de saltar extraordinariamente alto. El primer avistamiento registrado de Spring Heeled Jack se produjo en 18371.

Posteriormente se informó de supuestos avistamientos en toda Inglaterra, desde Londres hasta Sheffield y Liverpool, pero fueron especialmente frecuentes en los suburbios de Londres y, más tarde, en las Midlands y Escocia.

Se han propuesto muchas teorías para averiguar su naturaleza e identidad, ninguna de las cuales ha sido capaz de aclarar completamente el tema. El fenómeno sigue sin explicación.

La leyenda urbana de Spring Heeled Jack adquirió una inmensa popularidad en su época debido a los relatos sobre su extraña apariencia y su capacidad para realizar saltos extraordinarios, hasta el punto de convertirse en el tema de varias obras de ficción y de muchas especulaciones sobre posibles orígenes paranormales.

Spring Heeled Jack fue descrito por las supuestas víctimas como alguien con una apariencia aterradora y espantosa, con una fisonomía diabólica que incluía manos con garras y ojos que "parecían bolas rojas de fuego". Uno de los informes afirmaba que, bajo una capa negra, llevaba un casco y una prenda blanca ajustada como un "pellejo de aceite". Muchas historias también mencionan un aspecto "diabólico". Se dice que Spring Heeled Jack era alto y delgado, con la apariencia de un caballero, y capaz de dar grandes saltos. Varios informes mencionan que podía exhalar llamas azules y blancas por la boca y que llevaba afiladas garras metálicas en la punta de los dedos. Al menos dos personas afirmaron que era capaz de hablar en un inglés comprensible.

. . .

Según los artículos periodísticos que datan de diciembre de 1837, los primeros informes sobre las actividades de Jack se hicieron en septiembre de ese año en Londres. Un hombre de negocios que regresaba a su casa una noche después del trabajo contó que se sorprendió de repente cuando una misteriosa figura saltó con facilidad por encima de la barandilla considerablemente alta de un cementerio, aterrizando justo en su camino. No se informó de ningún ataque, pero la descripción presentada era inquietante: un varón humano musculoso con rasgos diabólicos que incluían orejas y nariz grandes y puntiagudas, y ojos saltones y brillantes.

Más tarde, en octubre de 1837, una chica llamada Mary Stevens se dirigía a Lavender Hill, donde trabajaba como sirvienta, después de visitar a sus padres en Battersea. En su camino por Clapham Common, según sus declaraciones posteriores, una extraña figura saltó hacia ella desde un callejón oscuro. Tras inmovilizarla con un fuerte apretón de brazos, comenzó a besarle la cara, mientras le rasgaba la ropa y le tocaba la carne con sus garras, que eran, según su declaración, "frías y húmedas como las de un cadáver". Presa del pánico, la chica gritó, haciendo que el agresor huyera rápidamente del lugar de la agresión. La conmoción atrajo a varios vecinos que iniciaron una búsqueda inmediata del agresor, pero no se pudo encontrar.

Al día siguiente, el saltimbanqui eligió supuestamente una víctima muy diferente cerca de la casa de Mary Stevens, inaugurando un modus operandi que se convertiría en típico de las futuras denuncias: saltó en el camino de un carruaje que pasaba, haciendo que el cochero perdiera el control y se estrellara, hiriéndolo gravemente.

Varios testigos afirmaron que escapó saltando un muro de tres metros de altura mientras balbuceaba una risa aguda y sonora.

Poco a poco, la noticia del extraño personaje se extendió, y pronto la prensa y el público le dieron un nombre: Spring Heeled Jack.

Unos meses más tarde, el 9 de enero de 1838, el alcalde de Londres, Sir John Cowan, reveló en una sesión pública celebrada en la Mansion House una denuncia anónima que había recibido varios días antes y que había retenido con la esperanza de obtener más información. El corresponsal, que firmaba la carta como "un residente de Peckham", escribió

. . .

"Parece que algunos individuos (de, como cree el escritor, los más altos rangos de la vida) han hecho una apuesta con un compañero travieso y temerario, de que no se atrevería a tomar la tarea de visitar muchos de los pueblos cercanos a Londres en tres disfraces diferentes - un fantasma, un oso y un diablo; y además, que no entraría en los jardines de un caballero con el propósito de alarmar a los habitantes de la casa. Sin embargo, la apuesta ha sido aceptada, y el malvado villano ha logrado privar de sus sentidos a siete damas, dos de las cuales no es probable que se recuperen, sino que se conviertan en una carga para sus familias.

En una casa el hombre tocó el timbre, y al llegar el criado a abrir la puerta, este peor que bruto se presentó en una figura no menos espantosa que la de un espectro vestido de la manera más perfecta. La consecuencia fue que la pobre muchacha se desmayó inmediatamente, y desde ese momento no ha vuelto a entrar en razón.

El asunto lleva ya algún tiempo y, por extraño que parezca, los periódicos siguen guardando silencio sobre el tema. El escritor tiene razones para creer que tienen toda la historia al alcance de la mano, pero que, por motivos interesados, se ven inducidos a guardar silencio."

· · ·

Aunque el Lord Mayor parecía bastante escéptico, un miembro del público confirmó que "las sirvientas de Kensington, Hammersmith y Ealing cuentan historias espantosas de este fantasma o demonio". El asunto se publicó en The Times y en otros periódicos nacionales al día siguiente, y al día siguiente (11 de enero) el Lord Mayor mostró a una concurrida reunión un montón de cartas procedentes de diversos lugares de Londres y sus alrededores que se quejaban de "bromas malvadas" similares. La cantidad de cartas que llegaron a la Mansion House sugiere que las actividades de Spring Heeled Jack eran de dominio público en los suburbios de Londres en esa época. Un escritor dijo que había comprobado que varias mujeres jóvenes de Hammersmith se habían asustado con "peligrosos ataques", y algunas "gravemente heridas por una especie de garras que el malhechor llevaba en sus manos". Otro corresponsal afirmaba que en Stockwell, Brixton, Camberwell y Vauxhall varias personas habían muerto de miedo y otras habían sufrido ataques; mientras tanto, otro informaba de que el embaucador había sido visto repetidamente en Lewisham y Blackheath, pero la policía estaba demasiado asustada como para actuar.

El propio Lord Mayor tenía dos opiniones sobre el asunto: creía que se habían hecho "las mayores exageraciones" y que era totalmente imposible "que el fantasma realizara las hazañas de un demonio en la tierra", pero, por otro lado, alguien en quien confiaba le había hablado de una sirvienta de Forest Hill que había sufrido un ataque de miedo por una figura con piel de oso; confiaba en que la persona o personas implicadas en esta "pantomima" serían atrapadas y castigadas. Se ordenó a la policía que buscara al responsable de los ataques y se ofrecieron recompensas. Muchas personas, entre ellas el almirante Edward Codrington, decidieron unirse a la búsqueda, pero fue en vano: nunca se le atrapó. Además, parecía haberse vuelto más audaz, y sus ataques se multiplicaron.

The Times informó bajo el título "Outrage at Old Ford" del supuesto ataque a Jane Alsop. A esto le siguió (véase el índice de Palmer de The Times) el relato del juicio de un tal Thomas Millbank, quien, inmediatamente después del ataque denunciado a Jane Alsop, había presumido en el Morgan's Arms de ser Spring Heeled Jack. Fue detenido y juzgado en el tribunal de Lambeth Street. El agente que lo detuvo fue James Lea, que antes, como agente de policía, había detenido a William Corder, el asesino del Granero Rojo.

Millbank llevaba un mono blanco y un gabán, que dejó caer fuera de la casa, y también se encontró la vela que dejó caer. Se libró de la condena sólo porque Jane Alsop insistió en que su atacante había soplado fuego, y Millbank admitió que no podía hacer tal cosa. La mayoría de los otros relatos se escribieron mucho después de la fecha.

Los periódicos contemporáneos no los mencionan en absoluto.

Tras estos incidentes, Spring Heeled Jack se convirtió en uno de los personajes más populares del momento. Sus supuestas hazañas aparecieron en los periódicos y se convirtieron en el tema de varios penny dreadfuls y obras de teatro representadas en los teatros baratos que abundaban en la época. Pero, a medida que su fama crecía, los informes sobre sus apariciones se hicieron menos frecuentes, aunque se extendieron por una amplia zona. En 1843, sin embargo, una oleada de avistamientos volvió a barrer el país. Un informe de Northamptonshire, en Hampshire, lo describió como "la mismísima imagen del Diablo, con cuernos y ojos de fuego", y en East Anglia, donde se hicieron comunes los informes de ataques a conductores de vagones de correo.

A principios de la década de 1870, se volvió a informar de la presencia de Spring Heeled Jack en varios lugares distantes entre sí. En noviembre de 1872, el News of the World informó de que Peckham estaba "en estado de conmoción debido a lo que se conoce como el "Fantasma de Peckham", una figura misteriosa, de aspecto bastante alarmante". El editorial señalaba que se trataba nada menos que de "Spring Heeled Jack, que aterrorizó a una generación pasada". Se publicaron historias similares en el Illustrated Police News. En abril y mayo de 1873, se produjeron numerosos avistamientos del "fantasma del parque" en Sheffield, que los lugareños llegaron a identificar como Spring Heeled Jack. Estos incidentes culminaron con miles de personas reunidas cada noche para cazar al fantasma.

A esta noticia le siguieron más reportes de avistamientos, hasta que en agosto de 1877; uno de los reportes más notables sobre Spring Heeled Jack provino de un grupo de soldados en las barracas de Aldershot. Esta historia decía lo siguiente: Un centinela de guardia en el Campo Norte se asomó a la oscuridad, su atención fue atraída por una figura peculiar que saltaba a través del camino hacia él, haciendo un ruido metálico. El soldado lanzó un desafío, que no fue atendido, y la figura desapareció de la vista durante unos momentos. Cuando el soldado volvió a su puesto, la figura reapareció a su lado y le dio varias bofetadas en la cara con "una mano tan fría como la de un cadáver".

Atraídos por el ruido que se produjo, varios hombres corrieron hacia el lugar, pero afirmaron que el personaje saltó varios metros por encima de sus cabezas y aterrizó detrás de ellos. Según su testimonio, Spring Heeled Jack se limitó a quedarse allí, observándoles y sonriendo, aparentemente esperando su reacción con regocijo. Uno de los guardias le disparó, sin más efecto visible que el de enfurecer a su objetivo; algunas fuentes afirman que el soldado pudo haberle disparado balas de fogueo, utilizadas simplemente para hacer disparos de advertencia. A continuación, la extraña figura cargó hacia ellos y les escupió llamas azules por la boca, haciendo que los guardias abandonaran sus puestos presas del pánico, y luego desapareció en la oscuridad circundante.

Hubo varios ataques más de Spring Heeled Jack a guardias en Aldershot. Todos estos avistamientos coincidían en la descripción: alto, de complexión musculosa, que llevaba un casco y un traje blanco ajustado de piel de aceite.

Tras estos informes, se produjo una oleada masiva de avistamientos de Spring Heeled Jack por toda Inglaterra. En Lincolnshire, supuestamente fue visto saltando por encima de varias casas, vistiendo una piel de oveja.

. . .

Una turba enfurecida supuestamente lo persiguió y lo acorraló, y al igual que en Aldershot un tiempo antes, los residentes le dispararon inútilmente. Muchos testigos afirmaron que los disparos sí le alcanzaron, sonando como si golpearan un objeto metálico hueco, como un "cubo vacío". Como siempre, se dice que hizo uso de sus habilidades de salto para perderse entre la multitud y desaparecer de nuevo.

A finales del siglo XIX, los avistamientos reportados de Spring Heeled Jack se desplazaban hacia el oeste de Inglaterra. En septiembre de 1904, en Everton, al norte de Liverpool, Spring Heeled Jack apareció supuestamente en el tejado de la iglesia de San Francisco Javier, en Salisbury Street. Los testigos informaron de que saltó de repente y cayó al suelo, aterrizando detrás de una casa cercana. Cuando se apresuraron a llegar al punto, según la historia, se encontraron allí con un hombre alto y musculoso, completamente vestido de blanco y con un casco "en forma de huevo", de pie, esperando. Se río histéricamente de la multitud y se abalanzó hacia ellos, haciendo que varias mujeres jadearan consternadas.

Despejando a todos con un salto gigantesco, desapareció detrás de las casas vecinas.

. . .

El 18 de junio de 1953, Spring Heeled Jack fue visto en un árbol de pacanas en el patio de un edificio de apartamentos en Houston, Texas. La Sra. Hilda Walker, Judy Meyers y Howard Phillips describieron a un hombre con una "capa negra, pantalones ajustados y botas de un cuarto de largo, y ropa ajustada gris o negra". Pensaron que podía tener alas, pero reconocieron que podía ser una ilusión óptica causada por la capa. Este caso se describe a veces como el Hombre Murciélago de Houston, pero normalmente se le conoce como Spring Heeled Jack. En el sur de Herefordshire, no muy lejos de la frontera con Gales, un vendedor ambulante llamado Marshall tuvo un encuentro con Spring Heeled Jack en 1986. El hombre dio un salto enorme e inhumano, se cruzó con él en la carretera y le abofeteó la mejilla. Llevaba lo que Marshall describió como un traje de esquí negro, y Marshall observó que tenía una barbilla alargada.

El hecho de que nunca se haya capturado e identificado a Spring Heeled Jack, combinado con las extraordinarias habilidades que se le atribuyen y el larguísimo periodo de tiempo que, al parecer, estuvo en libertad, han dado lugar a todo tipo de teorías para determinar tanto su naturaleza como su identidad.

. . .

Mientras varios investigadores buscan una explicación racional a los hechos, otros autores se hacen eco de los detalles más fantásticos de la historia para proponer distintos tipos de especulaciones paranormales.

Los investigadores escépticos han descartado las historias de Spring Heeled Jack.

La más sencilla de las explicaciones ofrecidas es que los informes no eran más que histeria colectiva que se desarrolló en torno a diversas leyendas de un hombre del saco o demonio que había existido durante siglos. Algunos escépticos sostienen que no es más que una exageración de la historia de cierto fanático enfermo mental que bailaba y saltaba sobre los tejados afirmando que el diablo le perseguía .

Otros investigadores creen que algún individuo o individuos pueden haber estado detrás de sus orígenes, siendo seguidos por imitadores más tarde .

Cabe destacar que, tras su aparición y durante los años siguientes, la prensa, las autoridades y la mayor parte del público en general consideraron que Spring Heeled Jack no era una criatura sobrenatural, sino más bien un individuo (o quizás más de una persona) con un macabro sentido del humor que se deleitaba asustando y molestando a las mujeres. Esta idea coincide con el contenido de la carta dirigida al Lord Mayor, que acusaba a un grupo de jóvenes aristócratas como culpables, tras una apuesta irresponsable. Un rumor popular que circulaba ya en 1840 señalaba a un noble irlandés, el marqués de Waterford, como principal sospechoso de estar detrás de los hechos. La responsabilidad del marqués ha sido aceptada por varios autores modernos, que sugieren que una experiencia humillante con una mujer y un agente de policía pudo haberle dado la idea de crear el personaje como forma de "vengarse" de la policía y de las mujeres en general . Dichos autores especulan que podría haber diseñado (con la ayuda de amigos expertos en mecánica aplicada) algún tipo de aparato para botas especiales con tacón de resorte, y que podría haber practicado técnicas de escupir fuego para aumentar el aspecto antinatural de su personaje.

De hecho, el marqués aparecía con frecuencia en las noticias a finales de la década de 1830 por sus peleas de borrachos, sus bromas brutales y sus actos de vandalismo, y se decía que hacía cualquier cosa por una apuesta; su comportamiento irregular y su desprecio por las mujeres le valieron el apodo de "el marqués loco", y también se sabe que estaba presente en la zona de Londres cuando se produjeron los primeros incidentes. Por desgracia, The Waterford Chronicle pudo informar de su presencia en el baile de San Valentín en el castillo de Waterford, lo que significa que tiene una coartada de hierro para los ataques a Jane Allsop y Lucy Scales, que son el centro de la historia autentificada de Jack. Sin embargo, el reverendo E. C. Brewer le señaló como autor en 1880, y afirmó que el marqués "solía divertirse saltando sobre los viajeros sin que se dieran cuenta, para asustarlos, y de vez en cuando otros han seguido su tonto ejemplo" 12. En 1842, el marqués de Waterford se casó y se instaló en Curraghmore House (Irlanda), y al parecer llevó una vida ejemplar, hasta que murió en un accidente de equitación en 1859. Mientras tanto, Spring Heeled Jack siguió activo durante décadas, lo que lleva a los investigadores modernos mencionados a la misma conclusión que la de Brewer: es muy posible que el marqués fuera el responsable de los primeros ataques, mientras que a otros bromistas que ocasionalmente le imitaban les correspondía continuar la tarea.

Los investigadores escépticos son unánimes en afirmar que la historia de Spring Heeled Jack fue exagerada y alterada a través de la histeria colectiva, un proceso en el que pueden haber contribuido muchas cuestiones sociológicas.

Entre ellas se encuentran los rumores sin fundamento, la superstición, la tradición oral, las publicaciones sensacionalistas y un folclore rico en historias de hadas y extrañas criaturas pícaras. Las habladurías sobre sus supuestos poderes para saltar y escupir fuego, sus supuestos rasgos extraordinarios y su supuesta habilidad para evitar todo intento de aprehensión cautivaron la mente del público supersticioso. Esto se hizo especialmente cierto con el paso del tiempo, que dio la impresión de que Spring Heeled Jack no había sufrido los efectos del envejecimiento. Como resultado, se construyó toda una leyenda urbana en torno al personaje, que fue reflejada por las publicaciones contemporáneas, que a su vez alimentaron esta percepción popular en un círculo vicioso.

Los autores que apoyan el origen paranormal de Spring Heeled Jack han propuesto una gran variedad de explicaciones. Debido a la naturaleza inherente del fenómeno, dichas teorías son especulativas y carecen de toda prueba.

A continuación se exponen algunas de ellas:

Una hipótesis común propone que Spring Heeled Jack es una entidad extraterrestre, de alguna manera varada en la

Tierra. Los partidarios de esta teoría creen que esto explicaría su aspecto y rasgos no humanos (por ejemplo, ojos rojos retrorreflectantes o aliento fosforescente), su capacidad de salto (sugiriendo que podría ser nativo de un planeta con mayor atracción gravitatoria, como la que experimentan los astronautas en la Luna), su extraño comportamiento (que podría haber sido alterado a través del Síndrome de Solipsismo o como resultado de respirar los gases presentes en la atmósfera terrestre) y su longevidad.

Un visitante de otra dimensión, que podría haber entrado en este plano a través de un agujero de gusano o una puerta dimensional.

Un demonio, invocado accidentalmente o a propósito en este mundo por los practicantes de lo oculto (una teoría que se ha incorporado al Feng Shui del RPG), o que se manifestó simplemente para crear confusión espiritual.

Los partidarios de las explicaciones paranormales suelen referirse como prueba de sus afirmaciones a que ningún ser humano podría haber utilizado nunca un artilugio para saltar de la forma en que se decía que lo hacía Spring Heeled Jack, señalando que en el siglo XX, el ejército alemán experimentó sobre el tema con efectos desastrosos. Supuestamente, dichos experimentos arrojaron un porcentaje de fracaso estimado en un 85%, con rotura de piernas y tobillos en los probadores. Llegan a la conclusión de que no había ninguna posibilidad de que un individuo tuviera éxito allí donde fracasó un proyecto bélico oficial, sobre todo si se tiene en cuenta que el primero le había precedido en muchas décadas. Cabe señalar que actualmente se comercializa un dispositivo comparable, pero este artilugio requiere muelles de fibra de carbono modernos y de última generación.

La vasta leyenda urbana construida en torno a Spring Heeled Jack influyó en muchos aspectos de la vida victoriana, especialmente en la cultura popular contemporánea. El Oxford English Dictionary cuenta que, a finales de la época victoriana, su nombre se había convertido en un término general para designar a un delincuente callejero que saltaba sobre las personas para robarlas o asustarlas, y que luego se apoyaba en su velocidad al correr para escapar. Se cita una fuente de Cheshire de 1887 como ejemplo, donde se dice que las criadas que acaban de recibir su salario anual tienen miedo de salir con mucho dinero, ya que "hay muchos de estos Jacks de tacón de resorte por ahí".

. . .

Durante décadas, especialmente en Londres, su nombre se equiparó a los hombres del saco, como medio de asustar a los niños para que se comportaran diciéndoles que, si no se portaban bien, Spring Heeled Jack saltaría y se asomaría a ellos a través de las ventanas de sus habitaciones, por la noche.

Sin embargo, fue en el campo del entretenimiento ficticio donde la leyenda de Spring Heeled Jack ejerció una mayor influencia, debido a su supuesta naturaleza extraordinaria. Casi desde el momento en que los primeros incidentes fueron conocidos por el público, se convirtió en un personaje de ficción de éxito, llegando a ser el protagonista de muchos penny dreadfuls desde 1840 hasta 1904. También se representaron varias obras de teatro en las que asumía el papel principal.

Las primeras obras presentaban invariablemente a Spring Heeled Jack como un archivillano, pero su figura experimentó una metamorfosis a lo largo de los años, y se convirtió en un héroe. El primer penny dreadful que introdujo este cambio fue la edición de 1860, y esta variación fue adoptada por todas las publicaciones que le siguieron, alcanzando su máximo desarrollo en la versión de Burrage de 1904.

. . .

En estas historias (que tienen lugar en 1805, después de que Napoleón Bonaparte haya conquistado Europa), Spring Heeled Jack es Bertram␣Wraydon, un joven y apuesto teniente del ejército británico, heredero de 10.000 libras al año, que es injustamente inculpado de traición por su malvado hermanastro Hubert Sedgefield.

Tras escapar de su prisión, Wraydon regresa en busca de venganza contra los villanos, asumiendo una identidad secreta y un extraño disfraz con melena y garras, luchando contra el mal y ayudando a los inocentes. Tiene una guarida secreta, donde ha escondido lo que consiguió salvar de su herencia, utilizándolo desinteresadamente para financiar sus actividades heroicas. Entre ellas, el diseño de un mecanismo de resorte que le permite saltar más de nueve metros, y un dispositivo para lanzar llamas a los malvados. Incluso tiene una marca registrada que deja en el lugar de sus acciones: una letra "S" que graba con su estoque una vez cumplida su misión.

Aunque carece de valor literario duradero, la serie Spring Heeled Jack ejerció una importante influencia como predecesora de las revistas pulp y de los superhéroes de cómic actuales, teniendo en cuenta que fue escrita veinte años antes de la primera aventura del Zorro y más de medio siglo antes de que se crearan otros personajes de ficción como Batman o el Llanero Solitario. Esta influencia duradera y su consiguiente importancia cultural fueron, durante la mayor parte del siglo XX, prácticamente olvidadas.

Sin embargo, en los últimos años se ha despertado un renovado interés por la leyenda de Spring Heeled Jack. Varios personajes de cómic ingleses se basaron directamente en él desde principios de los años 70, como Jumping Jack, el Fantasma Saltarín, Spring-Heeled Jock y Spring-Heeled Jackson 23.

Recientemente, varios autores de cómics, como Ver Curtiss 24, Kevin Olson y David Hitchcock 25, han hecho de Spring Heeled Jack el protagonista de diferentes aventuras cómicas. Estas series, ambientadas en un entorno turbio y posmoderno, le otorgan de nuevo el papel de superhéroe. Apareció como villano principal en el cómic Monster in My Pocket, de Dwayne McDuffie, Ernie Colon y Gil Kane. También se publicaron dos miniseries de cómics en las que aparecía como "antihéroe", por la editorial de cómics independiente estadounidense Rebel Studios, tituladas Spring-Heel Jack y Spring-Heel Jack: Revenge of the Ripper.

· · ·

El legado de Jack ha llegado incluso a los videojuegos. El juego Monster in My Pocket de NES de 1991 incluye una aparición de Spring Heeled Jack. El ejemplo más reciente se encuentra en una misión del gremio de ladrones en el videojuego The Elder Scrolls IV: Oblivion de 2006, en el que el protagonista es enviado a recoger las "Botas de Springheel Jak", que aumentan enormemente la capacidad de salto y la velocidad del personaje. En el juego, "Jak" de tacón de primavera es un ladrón que se convirtió en vampiro.

En fin, Jack sigue dando de qué hablar, siempre desde lo desconocido y anónimo; nunca sabremos quién o qué fue Jack.

4

Horror en Amityville

Hubo casas encantadas antes de Amityville, por supuesto, pero ningún lugar ha causado una impresión tan profunda en la cultura popular estadounidense en el último medio siglo o así como la notoria casa de Long Island, el lugar de un terrible asesinato y luego la base de decenas de libros y películas.

La historia no registra lo que un grupo de reporteros de un periódico de Long Island pensó que iba a escuchar el 13 de febrero de 1976, cuando fueron empujados a un modesto despacho de abogados forrado de libros en el pueblo de Patchogue, Nueva York.

. . .

En esa habitación, esa mañana, la prensa sería presentada por primera vez -pero ciertamente no la última- a George y Kathleen Lutz, dos parientes recién casados de empleo indeterminado que, muy repentinamente, habían abandonado la casa de sus sueños en Amityville el mes anterior. Los rumores habían estado flotando por esta somnolienta zona de la costa sur de Long Island de que los Lutz se habían ido porque la casa estaba embrujada.

George y Kathy Lutz, de treinta y tantos años, parecían una pareja normal, al menos normal para los años 70: él tenía mucho pelo castaño claro liso y una barba completa, ella tenía un corte de pelo rubio con plumas que enmarcaba una cara redonda y dulce. En la rueda de prensa, George fue el que más habló. Adoptó el tono de alguien que se ha visto obligado, a regañadientes y tras una larga reflexión, a dar a conocer su historia. Dijo que no quería entrar en detalles. Pero sí, dijo, una "fuerza muy fuerte" había expulsado a su familia de la casa.

También quiso corregir algunos hechos. No, su familia no había visto "formas humanas" ni "objetos voladores" en su casa. No, no habían escuchado "sonidos de lamentos" ni habían visto "sofás en movimiento".

. . .

Pero sí, habían abandonado la casa después de poseerla sólo durante un mes, con sólo tres mudas de ropa cada uno, "debido a nuestra preocupación por nuestra propia seguridad personal como familia". Y eso era todo lo que estaba dispuesto a compartir por el momento. Los periodistas trataron de presionar a Lutz para que diera más detalles, pero no quiso ser específico, como informó el escritor del Newsday con evidente frustración. "Lutz dijo que no pasaría otra noche en la casa si se lo pidieran los investigadores, pero también dijo que no está planeando vender la casa ahora mismo", escribió el periodista.

Un día después de la rueda de prensa, el césped de esta casa, una casa colonial holandesa situada en el 112 de Ocean Avenue, estaba lleno de gente que había decidido venir a investigar por su cuenta. Venían en su mayoría de pueblos vecinos de Long Island. Aparcaron a lo largo de la calle. Algunos iban acompañados de sus hijos. "Me interesan los fenómenos... inexplicables", dijo un padre que había traído a su hijo de 12 años. "Estuve aquí la otra noche con mi otro hijo, y observamos el contador eléctrico durante un rato, y juro que se ralentizó... por supuesto, podría haber sido el frigorífico".

La rueda de prensa de la familia Lutz tuvo lugar 18 meses después de que el Watergate obligara a Richard Nixon a dimitir de la presidencia y de que la avalancha de noticias perturbadoras llevara a todo el mundo a cuestionar los hechos convencionales y la verdad. No estaba claro si las leyes estables del universo seguían vigentes.

La ira y el miedo estaban por todas partes, y a menudo se convertían en auténticos delirios. Si se combina con los restos de las filosofías de la Nueva Era de los años sesenta y se añade un poco de folclore americano, se obtiene algo parecido a la historia de la familia Lutz: El Horror de Amityville, una historia que inspiraría varios libros y más de media docena de películas, desde la superproducción original de 1979 protagonizada por James Brolin y Margot Kidder, hasta *Amityville: El Despertar*, protagonizada por Jennifer Jason Leigh y Bella Thorne.

A pesar de ser un emblema lucrativo y omnipresente de la mitología estadounidense, es revelador lo aburrida que es la historia, cuando se resume: Una joven familia norteamericana se muda a una casa en la que hubo un asesinato en masa.

A continuación se producen fenómenos inquietantes, entre los que se incluyen (tal y como se relata en el primer libro sobre el caso, escrito por un hombre llamado Jay

Anson con la colaboración remunerada de los Lutz, y más tarde en el guión que Anson escribió para la versión cinematográfica de 1979) una baba verde que se filtra por las cerraduras de la casa, un espíritu que grita "¡Fuera!" a un sacerdote que está de visita, un niño que empieza a hablar con una amiga imaginaria llamada Jodie. El padre ve, en una ventana, un cerdo con ojos rojos y brillantes.

Aparecen misteriosamente puntos fríos en la casa. Una habitación llena de moscas atormenta a la familia. Finalmente, la familia se cansa y huye. La investigación les dice que su casa no sólo fue el escenario de un asesinato, sino el supuesto lugar de un antiguo "recinto para enfermos, locos y moribundos" gestionado por la nación india Shinnecock.

Muchos de estos elementos ya formaban parte de la historia de terror estadounidense, especialmente el último, la búsqueda más bien racista del "cementerio indio", que durante mucho tiempo ha sido una especie de explicación global para los fenómenos paranormales en la narrativa estadounidense. La noción, por ejemplo, también había aparecido repetidamente en la obra de Stephen King, en *El resplandor y Pet Sematary.*

. . .

Se cree que el mercado de Pike Place, en Seattle, se construyó sobre un terreno de los indios Sqaumish, y la gente también afirma que está embrujado.

Sin embargo, lo inusual de El terror de Amityville es que, en cierto modo, la historia sobre la historia era más interesante que el supuesto embrujo en sí. La historia se movía en un extraño y complicado límite entre la realidad y la ficción. Algunos actores, desde el principio, se mostraron francos al admitir que se trataba de un engaño. Otros insistieron, hasta la saciedad, en que la historia era cierta, que la familia Lutz había sido embrujada por algo. Sólo que ese algo puede no haber sido paranormal en absoluto.

El 13 de noviembre de 1974, seis miembros de la familia DeFeo -el padre Ronald, la madre Louise, dos hijas y dos hijos- fueron asesinados a tiros en sus camas, en su casa del 112 de Ocean Avenue. Un tercer hijo, Ronald "Butch" DeFeo, Jr. de 23 años, dijo inicialmente a la policía que había descubierto inocentemente los cuerpos en la casa cerrada alrededor de las 6 de la tarde de ese mismo día. Según contó Butch DeFeo ese día, cuando vio los cadáveres, huyó de la casa a un bar de la calle, al que llegó en un estado de "histeria", como dijo a los periodistas un hombre que permanecía en el bar.

Llevó a los hombres de vuelta a la casa y se llamó a la policía, que dudó casi inmediatamente de las afirmaciones de inocencia de Butch: A los dos días de encontrar los cuerpos, se le acusaría de seis cargos de asesinato en segundo grado; la policía había llegado a creer que había cometido los crímenes porque quería el dinero del seguro, una suma de unos 200.000 dólares. (960.000 dólares de hoy, ajustados a la inflación).

El abogado de DeFeo era un hombre calvo y lacónico llamado William Weber. Desde el momento de su comparecencia, Weber insistió en que DeFeo estaba loco. Culpó al fallecido Ronald DeFeo, padre, de la disfunción de su hijo, argumentando que había sido un hombre abusivo y bravucón. Cuando el caso llegó a juicio, en octubre de 1975 -apenas unos meses antes de que los Lutz compraran la casa de Ocean Avenue y se mudaran a ella-, los abogados de DeFeo habían contratado a un psiquiatra que dijo que su cliente había estado en un estado de "psicosis paranoica" mientras se movía por la casa y disparaba a cada uno de sus familiares, uno por uno.

Un psiquiatra contratado por la fiscalía estuvo de acuerdo en que DeFeo era un enfermo mental, pero insistió en que seguía sabiendo que lo que había hecho estaba mal y, por tanto, no se ajustaba a la definición legal de demente. El jurado se puso del lado de la acusación. DeFeo fue condenado a seis cadenas perpetuas por la muerte de sus hermanos.

Cuando un periodista del Newsday le preguntó a Weber si creía que el veredicto contra su cliente era justo, no reafirmó la inocencia de su cliente ni hizo el tipo de declaración estridente habitual que se espera de un abogado defensor. En cambio, negó con la cabeza y dijo: "Me alegro de no haber sido miembro de ese jurado".

Pero es evidente que Weber seguía queriendo argumentar el caso. Había dicho a los periodistas durante el juicio que sólo cobraba a DeFeo unos "modestos honorarios", y que "estoy sacando más provecho de esto por la publicidad".

La historia de un embrujo dio a Weber la oportunidad de volver a poner el caso en el punto de mira. De hecho, fue en el despacho de Weber donde tuvo lugar la rueda de prensa de los Lutz en febrero de 1976, aunque no se presentó como su abogado.

. . .

Ese día, Weber dijo a los periodistas que ahora, tras haber escuchado la historia completa de la familia Lutz, la historia que no compartían del todo ese día con los periodistas, pensaba que podía reabrir el caso DeFeo. La implicación era clara: la historia de los fenómenos paranormales en la casa sugería que DeFeo había estado, de hecho, fuera de sus cabales -había sido expulsado por esta corriente sobrenatural en el lugar. Por supuesto, dijo Weber, no podía decirles más en ese momento. Todavía tenía que discutirlo con su cliente encarcelado.

Estaba estudiando la posibilidad de presentar una moción, dijo, aunque nunca dijo de qué tipo y no parece que se haya presentado ninguna. En estos momentos, Ronald DeFeo sigue preso en un centro penitenciario de Fallsburg, Nueva York.

Durante catorce meses, después de que los Lutz huyeran de la casa de Amityville, ésta permaneció vacía. Entonces, una familia llamada Cromarty se mudó a la casa en la primavera de 1977. "Nos mudamos el 1 de abril", le diría Jim Cromarty a un periodista, "Estuvimos aquí como una semana y entonces llegó este artículo de Good Housekeeping. Empezamos a recibir muchas visitas".

. . .

El artículo de Good Housekeeping, realizado por un hombre llamado Paul Hoffman que había escrito repetidamente sobre el caso para el New York Daily News, se publicó en el número de abril de 1977, bajo el título "Our Dream House Was Haunted". El artículo se convertiría rápidamente en objeto de una demanda por parte de los Lutz, que alegaban que el artículo invadía su privacidad.

(Este juicio, en el que los Lutz demandaron a Hoffman, Good Housekeeping, el New York Daily News y otras partes por invasión de la intimidad, finalmente no tuvo éxito. Los jueces echaron a las publicaciones del caso, y las demandas contra Hoffman y el resto de los demandados se resolvieron finalmente por términos no revelados en 1979).

Entonces, cinco meses después, Jay Anson publicó el libro que había escrito con la colaboración de los Lutz, *The Amityville Horror*. El crítico de Los Angeles Times lo calificó como "una historia real diabólica". El libro llegó rápidamente a las listas de los más vendidos y permaneció allí durante 42 semanas. En 1981, el libro había realizado 37 tiradas y vendido más de 6,5 millones de ejemplares. Los derechos cinematográficos se vendieron a Hollywood, y Anson se encargó de escribir el guión.

. . .

Pero a medida que el fenómeno crecía, había dos voces clave que dudaban. A lo largo de su propiedad, que duró una década, Jim y Barbara Cromarty dijeron repetidamente a la prensa que nunca habían visto nada extraño en la casa. (Eso debería haber sido una buena noticia.

Habían comprado el lugar barato debido a toda la mala publicidad: habían comprado la casa por 55.000 dólares donde los Lutz la habían comprado por 80.000 dólares).

En lugar de espíritus, se quejaron los Cromartys, fueron perseguidos por lo que sólo podría llamarse turistas paranormales, que llamaban a la puerta a todas horas del día y de la noche. Estas personas a veces se autodenominaban brujas. A veces maldecían a los Cromarty y les decían que iban a morir. A veces estaban borrachos. Y a veces, como dijo la familia al Newsday en 1978, eran simplemente extraños: "Creo que una de las cosas más divertidas fue cuando nos despertamos a las tres y oímos a un tipo con una corneta tocando 'Taps' en el jardín delantero. Abrí la ventana, aplaudí y dije: 'Chico, tienes muy buen sentido del humor'", dijo Jim Cromarty.

Los Cromarty acabaron demandando a los Lutz, a Anson y a la editorial Prentice-Hall por 1,1 millones de dólares en concepto de daños y perjuicios por fraude, intentando que admitieran que el subtítulo del libro de Anson - "Una historia real"- no era exactamente lo que se decía. (La demanda se resolvió por una suma no revelada de seis cifras en 1982).

El subtítulo sigue en pie, pero a veces parecía que incluso Jay Anson pensaba que "historia real" podía ser una exageración. Cada vez que la prensa le preguntaba si realmente creía en la historia que había escrito, solía dar alguna respuesta irónica. A People, en 1978: "Soy un escritor profesional. No creo ni descreo. Eso se lo dejo al lector". Al New York Times, el mismo año: "Creo que estas personas creen que pasaron por todas esas cosas que vieron y oyeron". Más tarde, en 1980, a la edad de 58 años, se levantó y murió de un ataque al corazón, por lo que nunca llegó a explicar por qué gran parte de lo que se afirma en su libro -visitas de la policía, sacerdotes católicos con experiencias fantasmales, clima tormentoso- resultó ser una absoluta patraña, según todos los interesados.

Pero pocos de los participantes aquí se avergüenzan de admitir adornos. William Weber, por ejemplo, estaba dispuesto a decir que todo era mentira, aunque también quería atribuirse el mérito de haber tenido la gran idea.

El día en que se estrenó la versión cinematográfica, en julio de 1979, Weber acudió a la prensa y dijo que él y los Lutz habían inventado toda la historia "con una botella de vino". Aunque dijo que sí afirmaron haber tenido algún tipo de experiencia sobrenatural en la casa, dijo que sólo con su ayuda empezaron a elaborar los detalles de la historia después de ver las pruebas del crimen de Ronald DeFeo, que él les proporcionó. ¿La famosa baba verde, por ejemplo? Era sangre. ¿Las moscas? Basadas en las moscas de la escena del crimen.

Weber explicó más tarde que se le había acercado y que le habían dicho que un editor ofrecería gustosamente un gran adelanto por un libro sobre el caso DeFeo. Intentó que los Lutz participaran con él. Su idea era que parte de los derechos de autor se repartieran con el propio DeFeo, "pagándole efectivamente por el asesinato", como señaló George Lutz en un documental británico sobre el caso 20 años después. Después de escuchar eso, dijo Lutz, él y su esposa dejaron de hablar con Weber. Cuando cerraron el trato con Prentice-Hall y Anson, Weber no estaba involucrado. Le habían excluido de cualquier acuerdo futuro.

Weber trató de seguir por su cuenta -el escritor independiente que había contratado para escribir el libro acabaría publicando un relato de la experiencia de los

Lutz en la casa en Good Housekeeping-, pero los Lutz le demandaron por invasión de la intimidad. Esa demanda también se resolvió en 1979.

Más tarde, DeFeo también corroboró el relato de Weber, diciendo que nunca había querido alegar locura. No obstante, su credibilidad era sospechosa y su explicación del crimen era más barroca: su madre y su hermana también habían participado en los asesinatos. En una comparecencia ante la junta de libertad condicional en 1999, DeFeo explicó que en realidad sólo había matado a una de sus hermanas, Dawn, de 17 años. Afirmó que ella misma había sido la responsable del resto de los asesinatos. "Quería mucho a mi familia", insistió supuestamente.

La junta de libertad condicional no le creyó.

Las únicas personas, de hecho, relacionadas con Amityville que insistieron en que era real fueron los propios Lutz. Su relación con la historia parecía oscilar siempre entre la fe absoluta en su veracidad y la ambivalencia a la hora de contarla a alguien. Dieron la conferencia de prensa y luego huyeron rápidamente de Long Island a California.

. . .

Sólo aceptaron cooperar con Anson y concedieron algunas entrevistas de prensa relacionadas con el libro.

Pero en esas entrevistas, de repente eran la misma pareja reticente y reservada que habían sido en la conferencia de prensa original. Para una entrevista con Los Angeles Times, por ejemplo, exigieron que el reportero no revelara exactamente dónde vivían, ni tomara fotografías del interior de su casa, ni de los niños.

Lo único que George Lutz quiso transmitir en esa entrevista, según el reportero, fue que la familia era más feliz ahora por la experiencia que habían vivido. Una experiencia que todavía parecía algo reticente a articular en detalle. "Ahora apreciamos más las cosas buenas", dijo sobre el estado actual de la familia. "Estamos más unidos.

Valoramos menos las cosas materialistas". Y más tarde, añadía crípticamente: "La privacidad no se refiere sólo al lugar donde vivimos, sino a nuestros pensamientos. No son asunto de nadie más".

Kathy murió en 2004, George en 2006.

. . .

Pero a lo largo de los años, George en particular concedería algunas entrevistas más, abriendo poco a poco el marco. Seguía siendo una figura extraña y enigmática sobre la verdad de todo esto. Insistía en que la familia había vivido un horror. Pero también llegó a admitir que ciertos elementos de la historia -esa baba verde, en particular- estaban embellecidos, nunca fueron exactos. Y el hecho de que George admitiera esas pequeñas inexactitudes, permitió que todo el mundo dudara de todo, que asumiera que todo era Weber, un simple caso de engaño, todo el tiempo.

Pero sus hijos lo han complicado. Porque al menos dos de ellos creen claramente que hubo un embrujo. Danny Lutz y Christopher Quaratino, los dos hijos mayores de los Lutz, dicen que recuerdan los sucesos, figuras tenebrosas y haber sido arrojados por una escalera por espíritus malévolos. Y cuando Danny Lutz contó su historia en un reciente y extraño documental titulado *My Amityville Horror*, se mostró evidentemente turbado al respecto. "Fui poseído por un espíritu del que no pude deshacerme por mí mismo", insistió.

En realidad, afirmaba Danny Lutz, los disturbios en la casa de Amityville no tenían nada que ver con los DeFeo.

. . .

Dijo que en realidad era George quien había convocado a los malos espíritus con sus incursiones en el ocultismo. Un padrastro vanidoso y dominante, había aterrorizado a sus hijastros. A veces los golpeaba con una cuchara de madera como castigo. Christopher Quaratino, el hijo mediano de los Lutz, ha contado historias similares y también culpa a George de la persecución. La tercera hija de los Lutz, Missy, nunca ha hablado públicamente de su experiencia).

Sin embargo, Danny Lutz insiste en que había una fuerza mayor que George Lutz trabajando en la casa también.

"Espíritus demoníacos malignos", dice Danny Lutz con absoluta certeza en el documental. "Sé que existen". Lo cual, en una de las muchas extrañas verdades y falsedades paralelas de toda esta desordenada historia del Horror de Amityville, parece creer absolutamente.

5

Los fantasmas históricos del Palacio de Hampton Court

A TODOS NOS gusta una buena historia de fantasmas. Pero nadie sabía mejor que los victorianos que el terror vende entradas. A principios del siglo XX, los episodios más oscuros de la historia de los palacios se volvieron a contar para provocar escalofríos, y las leyendas fantasmales crecieron hasta que los visitantes esperaban un encuentro ectoplásmico a la vuelta de cada esquina. Pero, ¿hay algo más de lo que nos gusta pensar en las fotos falsas y los avistamientos espeluznantes?

Reales inquietos: Las postales más vendidas en Hampton Court a principios del siglo XX eran de espectros en espacios históricos, con estas fotografías falsas de doble exposición ofrecidas como "prueba" espeluznante.

. . .

Hoy en día se sigue diciendo que al menos dos de las esposas de Enrique VIII rondan el palacio de Hampton Court: su querida tercera esposa, Jane Seymour, que murió tras dar a luz en 1537, y la más famosa, su quinta esposa, Catherine Howard, ejecutada por adulterio en 1542.

El espectro de la escalera de Silverstick: Se dice que un triste espectro blanco que lleva una vela encendida es la tercera esposa de Enrique VIII, Jane Seymour. Murió en Hampton Court por complicaciones en el parto, sólo unos días después de dar a luz al ansiado hijo de Enrique, el príncipe Eduardo. Aunque estaba encantado con su heredero varón, el rey estaba devastado por la repentina pérdida de su reina "perfecta".

En el aniversario del nacimiento de Eduardo, en octubre de 1537, aparece una figura pálida en la escalera Silverstick, que conducía a la habitación en la que Jane dio a luz y murió.

La Reina Gritona: La quinta esposa de Enrique VIII, Catalina Howard, era tan salvaje como Jane Seymour era suave. El fantasma de Catalina es mucho más ruidoso y los avistamientos son más frecuentes.

Catalina fue decapitada en la Torre en 1542, a los 19 años, por adulterio y traición. Se afirma que, tras ser arrestada en Hampton Court, la aterrorizada adolescente se liberó de sus guardias. Corrió a lo largo de lo que ahora se llama la Galeria Encantada, gritando al Rey que se apiadara de ella.

Nunca llegó hasta Enrique, que estaba rezando en la capilla. Los guardias la arrastraron y nunca volvió a ver a Enrique. Se dice que su angustiado fantasma repite ahora este desgarrador viaje, gritando por la eternidad.

La Dama Gris: Se han producido numerosos avistamientos de la "Dama Gris", también conocida como Sybil Penn, en el palacio. Sybil fue sirviente de cuatro monarcas Tudor y nodriza de Eduardo VI.

Cuidó con devoción a Isabel I durante la viruela de 1562.

La reina se recuperó, pero la pobre Sybil contrajo la viruela y murió poco después.

. . .

Rueda giratoria: La tumba de Sybil fue perturbada cuando se renovó la iglesia en 1829, y poco después comenzaron a difundirse historias de una "dama gris" a la que se vio caminar por los pasillos de los Apartamentos de Estado y el Patio del Reloj del palacio.

También se relaciona a Sybil con los misteriosos ruidos de una rueca que, según se dice, procedían de detrás de un muro en un apartamento de gracia y favor. La leyenda cuenta que, cuando se retiró la pared, se descubrió una vieja rueca muy utilizada.

Sensaciones extrañas: En mayo de 2000, el prestigioso psicólogo Richard Wiseman realizó un experimento en Hampton Court para investigar si los fantasmas estaban realmente "en la mente".

Pidió a los voluntarios que se describieran a sí mismos como "creyentes" o "no creyentes" en lo paranormal y pidió a los integrantes de ambos grupos que registraran cualquier experiencia inusual mientras paseaban.

Como era de esperar, los "creyentes" informaron de más sensaciones espeluznantes en general, pero curiosamente muchos participantes registraron más incidentes inusuales en los mismos lugares: la Galería Embrujada y las salas georgianas, tanto si conocían las leyendas como si no. Esto sugiere que algo está ocurriendo, pero no está claro qué es exactamente...

"Toc, toc". "¿Quién está ahí?: En 1871, dos esqueletos masculinos en tumbas poco profundas fueron desenterrados bajo un claustro en Fountain Court durante una excavación rutinaria.

Su descubrimiento supuso un gran alivio para una residente del palacio: una anciana que vivía en un apartamento cercano de gracia y favor. Se quejaba de constantes golpes en las paredes, pero nadie le creía.

Todas las molestias cesaron cuando los restos fueron debidamente enterrados.

Se ha sugerido que los hombres anónimos fueron víctimas de la villanía de los cabezas redondas durante las Guerras Civiles (1642-51).

. . .

Es posible que hayan sido enterrados apresuradamente en tumbas sin marcar, que se ocultaron durante la construcción del palacio barroco de Wren en 1689.

Estos sucesos aterradores no se remiten únicamente al pasado, también hoy en día siguen sucediendo cosas misteriosas. Seguridad asustada: En octubre de 2003, el circuito cerrado de televisión del palacio captó la imagen de una figura fantasmagórica que, al parecer, abría de golpe una puerta de incendios.

De haber sido en la era de las redes sociales, la imagen se habría hecho sin duda viral: en su día atrajo la atención de los medios de comunicación internacionales.

La puerta se abrió en tres días consecutivos, y el "espectro" hizo su aparición en el segundo.

Ningún alma viviente se ha presentado para admitir que se trataba de una broma suya. El personal de seguridad sigue desconcertado...

6

El fantasma del puente Bellamy

LA LEYENDA del Puente Bellamy gira en torno a la que puede ser la historia de fantasmas más conocida de Florida, la de una joven llamada Elizabeth Jane Croom Bellamy.

Según la historia, Elizabeth era la joven y hermosa hija de un rico plantador de Carolina del Norte. Se enamoró perdidamente de un joven médico de su estado natal llamado Samuel C. Bellamy. Su hermana ya se había casado con el hermano de Samuel, el Dr. Edward C. Bellamy.

Tras un prolongado noviazgo de los que disfrutaban en aquella época edad por los jóvenes de la aristocracia plantadora, la pareja se comprometió y anunciaron sus planes de boda.

Según la leyenda, Samuel y Elizabeth -junto con Ann y Edward- ya habían decidido trasladarse a Florida y fue allí que Samuel construyó una magnífica mansión como regalo de regalo de bodas para su joven novia. Ella quedó tan encantada con la casa que preguntó si podían casarse en sus jardines de rosas. Samuel aceptó.

La boda tuvo lugar, según la tradición, el 11 de mayo de 1837. Rodeados de las rosas del hermoso jardín, Elizabeth supuestamente terminó sus votos con una línea extra, "Te amaré siempre y para siempre. Nunca te dejaré".

La pareja y los invitados se retiraron al interior de la mansión para una magnífica recepción y baile. Hubo baile, música, comida, bebida y algo para todos. Sin embargo, como era la costumbre del día a día, Elizabeth pronto se excusó y se retiró a la suite del señor para descansar. Se hundió en un sillón en un sillón acolchado y, rodeada de su lujoso vestido, se quedó profundamente dormida.

. . .

Los narradores dicen que, mientras dormía, su brazo golpeó un candelabro. Elizabeth se despertó de repente con sensaciones de intenso calor, luz y dolor.

Abajo, la fiesta estaba en pleno apogeo cuando sus gritos se oyeron de repente se oyeron gritos desde el piso de arriba. Cuando todos se volvieron para mirar, la joven bajaba corriendo por la escalera, envuelta en llamas desde la cabeza hasta los pies. Su marido y los demás intentaron salvarla, pero las quemaduras eran tan graves que sólo duró unos pocos días antes de fallecer. Sus últimas palabras, según la leyenda, fueron: "Te amaré siempre y para siempre. Nunca te dejaré".

Isabel, continúa la historia, fue fiel a su promesa. Cuando el Dr. Samuel C. Bellamy, deprimido y alcohólico, se quitó la vida en Chattahoochee 15 años después, ella se levantó de su tumba esperando unirse a él para continuar su viaje juntos al paraíso. Pero Samuel nunca llegó.

Las víctimas de suicidio en esa época no tenían estatus en la iglesia y fue enterrado en una tumba sin nombre en Chattahoochee y olvidado. Elizabeth, dicen los creyentes, camina los pantanos alrededor del puente Bellamy hasta el día de hoy en busca de su verdadero amor.

La verdad es a veces más sorprendente que la ficción. Samuel e Isabel eran personas reales. Ella era la hija de un rico plantador de un rico plantador de Carolina del Norte y él era un joven y próspero médico.

Sin embargo, no se casaron en Florida, sino en Carolina del Norte. Y Elizabeth no murió de fuego en su noche de bodas, sino de malaria contraída en Florida tres años después. Vivió lo suficiente, de hecho, para dar a luz a un niño llamado Alexander. El niño tenía 18 meses cuando Elizabeth murió, tres años después de que ella y Samuel se casaran en su finca familiar en Carolina del Norte.

Las cartas privadas de Samuel y una nota necrológica que apareció en el periódico de Tallahassee de la época indican que Elizabeth murió el 11 de mayo de 1837, y que su pequeño hijo murió siete días después, también a causa de la fiebre. Sólo tenía 18 años en el momento de su muerte.

El resto de la historia es cierta. Samuel cayó en la desesperación de la depresión y alcoholismo severo y se quitó la vida con una navaja de afeitar en Chattahoochee Landing quince años después de la muerte de su amada novia.

Su última petición de ser enterrado a su lado fue ignorada y hoy descansa en una tumba sin nombre en algún lugar de Chattahoochee.

Con la excepción de la parte de la novia en llamas, que fue mezclado en la historia en la década de 1940 a partir de una novela de la época de antebellum novela de Caroline Lee Hentz - la historia es verdadera. Y las afirmaciones de que el fantasma de Elizabeth ronda los alrededores de Bellamy Bridge han existido durante mucho, mucho tiempo.

El informe más antiguo de un fantasma visto en Bellamy Bridge es de un periódico de Marianna de 1890 que menciona que la "dama de Bellamy Bridge ha sido vista últimamente".

Los tres "otros" fantasmas de Bellamy Bridge: Destiladores, asesinos y luces en la noche. La leyenda local sostiene que Elizabeth Jane Bellamy no es el único fantasma asociado con el puente de Bellamy. Los creyentes dicen que hay otros tres espíritus inquietos que vagan por los bosques que rodean el histórico puente.

. . .

Los residentes que viven a lo largo de la carretera del puente Bellamy, que una vez llevó a el puente, han contado durante mucho tiempo la historia de un carro fantasma que pasa a altas horas de la noche. Se dice que es tirada por una mula conducida por un conductor que va lentamente hacia y desde el puente. En el camino de ida, tiene una cabeza. A la vuelta, no.

La leyenda parece perpetuar el recuerdo de un incidente que ocurrido en los alrededores a principios del siglo XX.

Un padre que estaba involucrado en una amarga disputa doméstica con su esposa llevó a su joven hija por la carretera del puente Bellamy hasta el río Chipola y la decapitó con un hacha. Luego utilizó la hoja de la misma arma para cortarse el cuello y suicidarse.

Ocasionalmente, extrañas luces pueden ser vistas y fotografiadas en pares alrededor del Puente Bellamy. Algunos creen que son los fantasmas del hombre y su desafortunada hija. Otros dicen que su carro puede ser escuchado y a veces incluso visto mientras sube y baja lentamente por la vieja carretera.

. . .

La otra historia de fantasmas asociada al Puente Bellamy tiene su origen en el asesinato en 1914 de Sylvester Hart. Hart se vio envuelto en una discusión con otros dos por la desaparición de un licor cuando su propio primo le disparó en la nuca con una pistola. Su cuerpo cayó en una hoguera y fue encontrado al día siguiente por el cartero.

Según la leyenda, el fantasma de Sylvester permanece en los alrededores del Bellamy Bridge y explica algunas de las misteriosas luces y otros fenómenos reportados allí.

7

El fantasma de la isla de los ciervos y el fantasma del aguardiente

Dos de las más antiguas y enigmáticas historias de fantasmas tienen que ver con Deer Island y las aguas que la rodean.

Es la isla más cercana a la costa del Misisipi, Deer Island es fácilmente visible desde las playas y atracciones de la histórica Biloxi. Es una colonia de garzas azules y se mantiene y se mantiene en su estado natural como Reserva Costera de Mississippi. Nueve especies diferentes especies raras y/o en peligro de extinción viven en la en peligro de extinción.

Los humanos han visitado o vivido en la isla desde hace miles de años. Los antiguos indios.

Los antiguos indios americanos llegaron allí para cazar, recolectar y pescar mucho antes del nacimiento de Cristo. Los franceses llegaron en 1717 y en 1905 incluso un parque de atracciones.

El huracán Camille cambió todo eso, destruyendo las estructuras hechas por el hombre y obligando a los últimos habitantes a trasladarse a tierra firme. El huracán Katrina, en 2005, arrasó la isla. Un arrecife artificial construido desde entonces ayuda a proteger la isla de los ciervos de la erosión.

Ni las tormentas ni la retirada de los seres humanos de la isla, sin embargo, han eliminado dos historias de fantasmas que se encuentran entre las más antiguas del Sur.

Ambas fueron documentadas por primera vez en un artículo publicado por A.G. Ragusin en 1922, la historia del Fantasma de la Isla de los Ciervos tenía entonces casi 100 años. Citó al capitán Eugene Tiblier, Sr., que había residido en Biloxi durante todos sus 78 años, como autoridad para la historia de dos pescadores que estaban pasando la noche en la isla cuando de repente oyeron un gran temblor y un traqueteo de los arbustos de palmito.

Suponiendo que el ruido lo hacían los cerdos salvajes, los hombres inicialmente prestaron poca atención, pero cuando más trataban de ignorar el sonido, más fuerte se hacía.

Finalmente investigaron la causa y se quedaron sorprendidos al ver un esqueleto sin cabeza erguido entre los palmitos. Los dos hombres corrieron hacia su bote con el fantasma sin cabeza atrás pero lograron escapar por los pelos; fue una estrecha fuga.

La historia del fantasma sin cabeza se origina de una vieja historia de piratas. Según la leyenda, un capitán pirata dirigió una vez su barco a la bahía de Biloxi para enterrar un gran tesoro. Él y sus hombres enterraron el oro en la Isla de los ciervos, cortando la cabeza de uno de sus hombres propios y dejando su cuerpo atrás para proteger sus ganancias mal habidas.

La aparición del fantasma sin cabeza fue verificada a Ragusin por otro pescador de Biloxi que dijo que lo había visto mientras exploraba la isla con otros dos hombres.

· · ·

Su experiencia fue similar a la de los hombres descritos por el capitán Tiblier. Un gran estruendo de los arbustos de palmito precedió a su y fue tan aterrador que los tres exploradores remaron hacia tierra firme lo más rápido posible.

Se dice que el Fantasma de la Isla de los Ciervos es responsable de las misteriosas luces y sonidos extraños observados en la isla hasta hoy en día.

La otra leyenda antigua de Biloxi habla del "Fantasma del Aguardiente", una luz azul sobrenatural que se ve sobre las aguas de la bahía de Biloxi mucho antes de la invención de la luz eléctrica.

Según esta leyenda, la misteriosa luz a menudo se mueve a través de la bahía entre Biloxi y Ocean Springs.

El mismo capitán Tiblier que contó la historia del Fantasma de la Isla de los Ciervos dijo que él y su hermano, Louis, vieron al Fantasma del Aguardiente alrededor de 1892. Estaban remando en un esquife en Back Bay alrededor de las 2 de la mañana cuando la luz apareció de repente.

Tiblier lo describió como de color azul y que se desplazaba a unos treinta centímetros por encima del agua. Él y su hermano dejaron de remar y observaron cómo cruzaba la bahía y desaparecía cerca de Ocean Springs.

La leyenda local sostiene que el Fantasma del Aguardiente es un centinela espectral que patrulla la bahía con una linterna en la mano.

Las historias de los fantasmas de Deer Island y Firewater son parte importante del folclore de la Costa del Golfo de Mississippi.

Si llegas a ir a Mississippi y pasas por las playas de Biloxi por la noche o disfrutas de las vistas del Mississippi Sound desde la ventana de tu habitación de hotel, ¡mantén los ojos abiertos! Es posible que seas testigo de las luces que los pescadores han contado han visto durante casi 200 años.

8

El gran misterio de Amherst

EL GRAN MISTERIO de Amherst fue un notorio caso de actividad poltergeist en Amherst, Nueva Escocia, Canadá, entre 1878 y 1879. Fue objeto de una investigación por parte de Walter Hubbell, un actor interesado en los fenómenos psíquicos, que llevó lo que, según él, era un diario de los sucesos ocurridos en la casa, que más tarde se amplió en un popular libro.

Vamos a recordar antes que nada qué son los poltergeist y qué implican. En la literatura de fantasmas, un poltergeist (/poʊltərˌɡaɪst/ o /ˈpɒltərˌɡaɪst/; en alemán, "fantasma ruidoso" o "espíritu ruidoso") es un tipo de fantasma o espíritu responsable de alteraciones físicas, como ruidos fuertes y objetos que se mueven o destruyen.

. . .

La mayoría de las afirmaciones o descripciones ficticias de los poltergeist los muestran como capaces de pellizcar, morder, golpear y hacer tropezar a las personas. También se les describe como capaces de mover o hacer levitar objetos como muebles y cubiertos, o ruidos como golpes en las puertas.

Tradicionalmente se les ha descrito como espíritus molestos que persiguen a una persona en particular en lugar de un lugar específico. El folclore de los poltergeist se encuentra en muchas culturas diferentes. Las primeras afirmaciones sobre espíritus que supuestamente acosan y atormentan a sus víctimas se remontan al siglo I, pero las referencias a los poltergeist se hicieron más comunes a principios del siglo XVII.

La palabra poltergeist procede de las palabras alemanas poltern ("hacer ruido" y "retumbar") y Geist ("fantasma" y "espíritu"), y el propio término se traduce como "fantasma ruidoso", "fantasma retumbante" o "espíritu ruidoso". Un sinónimo acuñado por René Sudre es thorybism, del griego thorybein ("hacer ruido o alboroto; arrojar a la confusión").

. . .

El misterio de Amherst se centraba en Esther Cox, que vivía en una casa con su hermana casada Olive Teed, el marido de ésta, Daniel, y sus dos hijos pequeños. Un hermano y una hermana de Esther y Olive también vivían en la casa, al igual que el hermano de Daniel, John Teed.

Según el relato de Hubbell, los acontecimientos comenzaron a finales de agosto de 1878, después de que Esther Cox, que entonces tenía 18 años, sufriera un intento de agresión sexual por parte de un amigo. Esto la dejó muy angustiada, y poco después comenzaron los fenómenos físicos. Hubo golpes y crujidos en la noche, y la propia Esther empezó a sufrir ataques en los que su cuerpo se hinchaba visiblemente y tenía fiebre y escalofríos por momentos. Entonces, los objetos que había en la casa emprendieron la huida.

La familia, asustada, llamó a un médico. Durante su visita, la ropa de cama se movió, se oyeron ruidos de arañazos y las palabras "Esther Cox, eres mía para matar" aparecieron en la pared junto a la cabecera de la cama de Esther. Al día siguiente, el médico administró sedantes a Esther para calmarla y ayudarla a dormir, tras lo cual se manifestaron más ruidos y objetos voladores.

Los intentos de comunicarse con el "espíritu" dieron como resultado respuestas grabadas a las preguntas.

Los fenómenos continuaron durante algunos meses y se hicieron muy conocidos en la localidad. Los visitantes de la casa de campo, incluidos los clérigos, escucharon golpes y golpes y fueron testigos de objetos en movimiento, a menudo cuando la propia Esther estaba bajo estrecha observación. En diciembre, Esther enfermó de difteria.

No se observó ningún fenómeno durante las dos semanas que pasó en cama, ni durante el tiempo que pasó recuperándose después en casa de una hermana casada en Sackville, New Brunswick. Sin embargo, cuando regresó a Amherst, los sucesos misteriosos comenzaron de nuevo, esta vez con la aparición de incendios en varios lugares de la casa. La propia Esther afirmaba ahora ver al "fantasma", que amenazaba con quemar la casa a menos que se marchara.

En enero de 1879, Esther se mudó con otra familia local, pero las manifestaciones a su alrededor continuaron y fueron presenciadas por muchas personas, algunas de las cuales conversaron con el "fantasma" mediante preguntas y respuestas a gritos.

Algunos se mostraron curiosos y comprensivos; otros creyeron que la propia Esther era la responsable de los fenómenos, y se encontró con cierta hostilidad a nivel local. El "fantasma" abofeteaba, pinchaba y arañaba con frecuencia a Esther, y en una ocasión la apuñaló en la espalda con un cuchillo de pinza. El interés por el caso creció a medida que se difundía la noticia, y a finales de marzo Esther pasó un tiempo en Saint John, New Brunswick, donde fue investigada por algunos caballeros locales interesados en la ciencia. Para entonces, varios "espíritus" distintos estaban aparentemente asociados a Esther y se comunicaban con los espectadores a través de golpes y raptos. "Bob Nickle", el "fantasma" original, afirmaba haber sido zapatero en vida, y otros se identificaban como "Peter Cox", un pariente de Esther, y "Maggie Fisher".

Después de la visita a Saint John, Esther pasó un tiempo con los Van Ambergh, amigos de una apacible granja cerca de Amherst, y luego volvió a la casa de campo de los Teed en el verano de 1879, momento en el que los fenómenos volvieron a aparecer. Fue entonces cuando llegó Walter Hubbell, atraído por la publicidad que rodeaba el caso, y se trasladó a la casa de campo de los Teed como inquilino para investigar los fenómenos.

. . .

Hubbell pasó algunas semanas con Esther y su familia, e informó haber presenciado personalmente objetos en movimiento, incendios y artículos que aparecían de la nada, y afirmó haber visto cómo se producían los fenómenos incluso cuando la propia Esther estaba a la vista y obviamente no tenía relación con ellos. También afirmó haber presenciado ataques a Esther con alfileres y otros objetos punzantes, y haberla visto en varios de sus ataques de extrema hinchazón y dolor. Se comunicaba con los diversos "espíritus" nombrados por medio de golpes, y enumeró otros tres: "Mary Fisher", "Jane Nickle" y "Eliza McNeal", que también se manifestaban como parte de los acontecimientos.

Con la ayuda profesional de Hubbell, Esther Cox se embarcó en una gira de conferencias, atrayendo a audiencias que pagaban por verla y escuchar su historia. Sin embargo, se encontró con algunas reacciones hostiles y, después de que una noche fuera abucheada y se produjeran disturbios, se abandonó el intento. Regresó a Amherst una vez más, trabajando para un hombre llamado Arthur Davison, pero después de que su granero se incendiara, éste la acusó de haber provocado un incendio y fue declarada culpable y condenada a cuatro meses de prisión, aunque fue liberada después de sólo uno. Después de esto, los fenómenos cesaron gradualmente para siempre.

Posteriormente, Esther Cox se casó dos veces y tuvo un hijo de cada uno de sus maridos. Se trasladó a Brockton, Massachusetts, con su segundo marido y murió el 8 de noviembre de 1912, a los 52 años.

Muchos sucesos poltergeist reivindicados han resultado ser falsos.

El investigador psíquico Frank Podmore propuso la teoría de la "niña traviesa" para los casos de poltergeist (muchos de los cuales parecen centrarse en un adolescente, normalmente una niña). Descubrió que el centro de la perturbación era a menudo un niño que lanzaba objetos para engañar o asustar a la gente para llamar la atención. El investigador escéptico Joe Nickell dice que los incidentes de poltergeist reclamados normalmente se originan en "un individuo que está motivado para causar travesuras". Según Nickell:

"En el típico brote poltergeist, pequeños objetos son lanzados por el aire por fuerzas invisibles, los muebles son volcados, o se producen otras perturbaciones - por lo general, lo que podría ser logrado por un embaucador juvenil decidido a pagar a los adultos crédulos".

. . .

Nickell escribe que los informes suelen ser exagerados por testigos crédulos.

Una y otra vez, en otros brotes de "poltergeist", los testigos han informado de que un objeto ha saltado de su lugar de descanso supuestamente por sí mismo, cuando es probable que el autor haya obtenido el objeto en secreto en algún momento anterior y haya esperado una oportunidad para lanzarlo, incluso desde fuera de la habitación, demostrando así su supuesta inocencia.

Según las investigaciones de la psicología anómica, las afirmaciones de actividad poltergeist pueden explicarse por factores psicológicos como la ilusión, los fallos de memoria y los deseos. Un estudio (Lange y Houran, 1998) escribió que las experiencias poltergeist son delirios "resultantes de la dinámica afectiva y cognitiva de la interpretación de los estímulos ambiguos por parte de los percipientes". El psicólogo Donovan Rawcliffe ha escrito que casi todos los casos de poltergeist que se han investigado resultaron estar basados en engaños, mientras que el resto son atribuibles a factores psicológicos como las alucinaciones.

. . .

También se ha intentado explicar científicamente las perturbaciones poltergeist que no se han atribuido a fraudes o factores psicológicos. El escéptico y mago Milbourne Christopher descubrió que algunos casos de actividad poltergeist pueden atribuirse a corrientes de aire inusuales, como un caso de 1957 en Cape Cod en el que las corrientes descendentes de una chimenea descubierta fueron lo suficientemente fuertes como para hacer volar un espejo de una pared, volcar sillas y tirar cosas de las estanterías.

En la década de 1950, Guy William Lambert propuso que los fenómenos poltergeist de los que se informaba podían explicarse por el movimiento de las aguas subterráneas que causaban tensiones en las casas. Sugirió que la turbulencia del agua podía causar sonidos extraños o movimientos estructurales de la propiedad, posiblemente haciendo que la casa vibrara y moviera objetos. Investigadores posteriores, como Alan Gauld y Tony Cornell, pusieron a prueba la hipótesis de Lambert colocando objetos específicos en diferentes habitaciones y sometiendo la casa a fuertes vibraciones mecánicas. Descubrieron que, aunque la estructura del edificio había sufrido daños, sólo algunos de los objetos se movían a una distancia muy corta.

. . .

El escéptico Trevor H. Hall criticó la hipótesis afirmando que, de ser cierta, "el edificio se derrumbaría casi con toda seguridad". Según Richard Wiseman, la hipótesis no ha resistido el escrutinio.

Michael Persinger ha teorizado que la actividad sísmica podría causar fenómenos poltergeist. Sin embargo, las afirmaciones de Persinger sobre los efectos de la actividad geomagnética ambiental en las experiencias paranormales no han sido replicadas de forma independiente y, al igual que sus hallazgos sobre el casco de Dios, pueden explicarse simplemente por la sugestión de los participantes.

David Turner, un químico físico retirado, sugirió que los relámpagos de bola podrían causar el "movimiento espeluznante de objetos que se achaca a los poltergeist".

Los parapsicólogos Nandor Fodor y William G. Roll sugirieron que la actividad poltergeist puede explicarse por la psicoquinesis.

Históricamente, los espíritus maliciosos fueron culpados por la actividad poltergeist.

Según Allan Kardec, el fundador del espiritismo, los poltergeist son manifestaciones de espíritus desencarnados de bajo nivel, pertenecientes a la sexta clase del tercer orden. Según esta explicación, se cree que están estrechamente asociados con los elementos (fuego, aire, agua, tierra). En Finlandia, son algo famosos el caso del "Fantasma de Mäkkylä" en 1946, que recibió atención en la prensa de la época, y los "Diablos de Martin" en Ylöjärvi a finales del siglo XIX, para los que se obtuvieron declaraciones juradas en los tribunales. Samuli Paulaharju también ha registrado una memoria de un poltergeist típico, el caso de "Salkko-Niila", del sur del lago Inari en su libro Memorias de Laponia (Lapin muisteluksia). La historia también se ha publicado en la colección Historias míticas (Myytillisiä tarinoita) editada por Lauri Simon Suuri.

El libro de Hubbell se publicó en 1879 y resultó muy popular, vendiendo al menos 55.000 ejemplares. El caso Amherst también fue investigado por el investigador paranormal británico Hereward Carrington, que tomó declaraciones de los testigos supervivientes de los hechos en 1907 y las publicó, junto con un relato detallado del caso, en 1913.

. . .

Otros investigadores analizaron el caso de forma más crítica que Hubbell: en particular, el Dr. Walter F. Prince, en las Actas de la Sociedad Americana de Investigación Psíquica (Vol. XIII, 1919), presentó un caso detallado de engaño por parte de Esther Cox mientras estaba en un estado disociativo. Una obra de teatro basada en la historia, ¡Culpable! The Story of the Great Amherst Mystery, fue escrita por Charlie Rhindress y estrenada en el Live Bait Theatre de Sackville, New Brunswick, en 1991. En 2012, la antigua conservadora del museo del condado de Cumberland, Laurie Glenn Norris, escribió un libro en el que investigaba más a fondo el misterio, titulado Haunted Girl: Esther Cox and the Great Amherst Mystery. En 2015, la editorial del libro anunció que había vendido los derechos cinematográficos del libro a un proyecto dirigido por Larysa Kondracki, directora de populares programas de televisión como The Walking Dead y Better Call Saul. En 2019, el misterio fue presentado en el podcast Dark Poutine, que explora el crimen verdadero y la historia oscura.

Se ha sugerido que ciertos aspectos de los supuestos sucesos paranormales en la rectoría de Borley, a veces apodada "la casa más embrujada de Inglaterra", pueden estar relacionados con el caso Amherst.

. . .

Las experiencias de la familia Foyster allí a principios de los años 30 -en particular las afirmaciones de que la escritura apareció misteriosamente en la pared- se asemejan a los acontecimientos de la casa de Teed. El reverendo Foyster había vivido anteriormente en Sackville, New Brunswick, y es posible que conociera el caso de Esther Cox.

9

La leyenda de la Llorona

El pelo, tan oscuro como la noche, se desliza por su espalda, mientras se agacha junto al arroyo y hunde las manos en el agua fresca. Un vestido tan blanco como su pelo negro cubre su cuerpo. Es una imagen inquietante, que se hace aún más espeluznante por el hecho de que no hay más sonido que el tintineo del agua del arroyo... Pero entonces, el áspero hipo de una mujer llorando atraviesa el silencio, haciéndose cada vez más fuerte hasta que la mujer con el largo pelo negro y el vestido blanco como la nieve se gira y te mira directamente.

Sin embargo, el llanto desesperado te rodea, ganando velocidad, ganando fuerza, hasta que está muy presente el temor de que algo va mal.

. . .

¿Y su rostro?

No es humano. Tal vez en blanco, sin rasgos, sin ojos, sin nariz, sin boca, de donde provienen los lamentos.

. . . O peor, su cara no está en blanco. Tiene ojos, nariz y boca, pero son alargados, como los de un burro o un caballo.

La suya es la cara de La Llorona, y el hecho de que la conozcas... Te deseamos la mejor de las suertes, ya que, según cuenta la leyenda, su presencia casi siempre va acompañada de muerte, enfermedad o cualquier otra cosa horriblemente mala.

¿Quién es la Llorona? Si nunca has oído hablar de la Llorona, puedes estar seguro de que no es el único. Su notoriedad, su reclamo a la fama (si se quiere) se encuentra más comúnmente en el área del sur de Texas, donde la influencia española está todavía bien y vibrante, o en el propio México donde se dice que la historia se originó. Es una leyenda que cuenta la historia de la avaricia y el egoísmo, así como de seguir el camino moral.

. . .

Se cuenta a los niños pequeños con tendencia a los problemas, y a los adultos que anteponen sus propias necesidades.

¿Pero quién es la Llorona? Depende de con quién se hable; como en muchas leyendas de todo el mundo, hay diferentes variaciones de la misma historia. Sin embargo, la mayoría de las variaciones giran en torno a una mujer que ahogó a sus hijos…

Según una versión de la historia, La Llorona fue una vez una joven muy feliz que se casó con el amor de su vida en una gran iglesia de piedra en México.

Estaba de pie en el altar, con su vestido blanco cayendo en cascada a su alrededor, mientras sonreía alegremente a su nuevo marido. El sacerdote se dirigió a ella y le pidió que prometiera entregar a su primogénito al sacerdocio.

Rápidamente, ella aceptó, sin duda emocionada por comenzar su vida de casada con su marido. Pero a medida que nacían sus hijos, uno y otro, y también una hija, se dio cuenta de una cosa: no quería dar a ninguno de sus hijos, ni a los niños ni a las niñas, a la Iglesia.

La joven faltó a su palabra, esperando que el sacerdote no se diera cuenta...

Entonces, un día, su casa se incendió: las llamas lamieron el edificio y lo engulleron como si nunca hubiera existido.

¿Y los hijos de la mujer? Atrapados en el propio fuego, quemados hasta la inexistencia como si nunca hubieran existido. En un giro del destino, la mujer sufrió quemaduras pero de alguna manera logró sobrevivir. Pero al hacerlo, sus rasgos adoptaron los de un burro o un caballo y a partir de entonces se la conoció como la "dama del burro".

El destino la condenó a buscar a sus hijos por toda la eternidad. Durante el resto de su vida, vagó por las hondonadas y los vientos de los arroyos y ríos cercanos, siempre con la esperanza de encontrar a sus queridos hijos.

Nunca lo hizo.

Desde su muerte, muchas personas han afirmado ver a la Llorona a lo largo de los mismos ríos y arroyos que había azotado durante su vida, en particular alrededor de los arroyos Alazón y Martínez en la región de San Antonio. Mientras que las mujeres tienden a vislumbrar su larga melena negra o el largo hocico de su nariz, son los hombres los que más frecuentemente escuchan sus desesperadas súplicas.

"¡Mi hijo, mi hijo!", se sabe que grita, llamando a un hijo que ha desaparecido durante generaciones.

Un consejo: no se apresuren a salvarla si la encuentran en las profundidades del río. Los que han intentado sacarla del agua con valentía se han ahogado.

Mientras que la Llorona del primer cuento iba intencionadamente en contra de la petición del sacerdote y, por tanto, estaba condenada a afrontar las consecuencias de sus decisiones, en la siguiente versión de la historia esto no era así en absoluto.

Al igual que el primer cuento, éste también comienza en una Iglesia. Pero mientras que el primero cuenta la historia de un matrimonio, éste cuenta la historia de un par de gemelos.

Al parecer, eran tan idénticas que la primera niña fue bautizada dos veces, sin que el cura se diera cuenta de que había cometido un error.

Con los años, ambas gemelas crecieron y se casaron. Pero mientras la niña bautizada encontró el amor y la verdadera felicidad, la gemela que había sido olvidada accidentalmente por el sacerdote -la que nunca había sido bautizada- no encontró nada de esto.

Ardía en cólera y furia constantes, por lo que parecía no tener ninguna razón. Dio a luz a un hijo y a una hija y no quería a ninguno de los dos. De hecho, le desagradaban tanto que los ahogó a ambos en la acequia, uno de los muchos canales de riego de la zona.

La vida continuó sin cambios, pero cuando la mujer falleció y se enfrentó al Juicio Final, fue rechazada para buscar para siempre a los niños que había ahogado brutalmente. Sólo en el Día del Juicio Final se le perdonaron sus pecados. Desde que fue devuelta al plano de los vivos, el fantasma de La Llorona ha vagado por la zona donde ahogó a sus hijos por primera vez.

. . .

Teniendo en cuenta que se la ha visto a lo largo de los arroyos y acequias, y que sus gritos se escuchan a kilómetros de distancia, está claro que su alma aún no ha encontrado la redención.

Aunque hay literalmente cientos de variaciones de la leyenda fantasmagórica de la Llorona, ésta es quizá la que más se repite.

Comienza, como muchas otras, con una hermosa mujer que resulta ser una campesina. Como en Cenicienta, Luisa fue cortejada por un hombre mayor y rico. Se llamaba, según la psicóloga y escritora del Corpus Christi Jane Simon Ammeson, Don Muno Montes Claro. Según la historia, Luisa y Don Muno eran de clases sociales diferentes.

Luisa esperaba que le propusieran matrimonio, pero Don Muno no podía imaginarse casándose con alguien de la misma clase social que Luisa. Así que la puso como su amante. Le dio una bonita casita en su finca y la visitaba siempre que lo deseaba.

. . .

Por su parte, Luisa estaba muy contenta con el giro de los acontecimientos: no sólo tenía todo el amor y el afecto de Don Muno, sino que además le regalaba joyas y hermosos vestidos y.... hijos. (Al fin y al cabo era su amante).

Durante mucho tiempo, todo fue muy bien. Hasta que, de repente, dejó de serlo.

Poco a poco, Don Muno dejó de visitar a Luisa y a sus hijos. Las visitas, varias veces por semana, se redujeron a la mitad, y entonces pareció que lo único que quedaba era el fantasma de Don Muno -Luisa no lo había visto en años-.

Haciendo acopio de todo el valor que tenía como si fuera una cota de malla, Luisa respiró hondo y se dirigió a la casa principal. Le preguntaría personalmente por qué no había venido a verla a ella y a sus hijos en tanto tiempo.

Cuando llegó a la casa de Don Muno, buscó a un sirviente para preguntarle si podía tener la oportunidad de ver a su amante.

. . .

El criado negó sabiamente con la cabeza. "Lo siento, señorita Luisa", murmuró el criado, "pero don Muno se va a casar hoy mismo".

"¿Hoy?" respondió Luisa con estrépito. "No puede ser verdad".

Pero lo era.

Don Muno, que era un hombre rico, había concertado un matrimonio con una mujer de su misma categoría social, otro miembro de la aristocracia.

Completamente fuera de sí, Luisa emprendió el largo camino de vuelta a su casita, que debería haber representado el amor, pero que ahora sólo representaba una mentira. Cuando llegó a la puerta de su casa, el dolor se transformó en ira y la ira... Luisa no era ella misma cuando abrió la puerta y cogió a sus hijos. Se dirigió al río y los tiró a todos.

. . .

Ignoró sus llamadas de auxilio al igual que ignoró sus frenéticos intentos de sacar sus pequeños cuerpos a la superficie del agua. Se ahogaron.

Como era de esperar, los pecados de Luisa fueron descubiertos y la llevaron a la cárcel del condado. Poco después, la conciencia de que había matado a sus hijos empezó a hacerse realidad. Y cuando lo hizo, se dice que murió de pena.

Según esta historia, contada por Jane Simon Ammeson, la nueva esposa de Don Muno murió el mismo día que Luisa. Y, naturalmente, el espíritu de Luisa estaba condenado a vagar por los arroyos, riachuelos y abrevaderos hasta encontrar a sus hijos.

No han sido encontrados y sus lamentos aún se pueden escuchar en toda la zona.

La historia de la Llorona: Como muchas leyendas urbanas, existen innumerables historias sobre La Llorona, o la mujer que llora. Hay otra sobre una adolescente que se quedó embarazada aunque nunca había estado con un hombre.

. . .

En esta versión, no fue la chica la que ahogó a los niños, sino su padre en un intento de ocultar la vergüenza... la chica murió en la orilla del río por perder demasiada sangre.

En otras, la Llorona es la esposa infiel que ahoga a sus hijos.

Pero, ¿existe la posibilidad de que la leyenda se fundamente alguna vez en la verdad? Según la antropóloga Bernadine Santistevan, la primera referencia a una "mujer llorona" o La Llorona dentro de la cultura española data del siglo XVI y de los conquistadores españoles en México.

Según Santistevan, en 1502 una joven azteca llamada La Malinche se enamoró perdidamente del famoso conquistador Cortés. Su relación culminó con dos hijos. Pero entonces Cortez tomó la decisión ejecutiva de viajar de vuelta a España, y tenía la intención de traer a sus dos hijos con él. La Malinche no recibió la invitación y se negó a que Cortés se fuera con sus hijos.

. . .

Tomando el asunto en sus manos, arrastró a ambos hijos hasta el río, donde los mató. Según la historia, pasó los siguientes diez años buscando y llorando a los niños que había sacrificado por su propia ira.

En la historia, La Malinche (también conocida como Malinalli, Marina o incluso Malintzin, que hace referencia a Cortés y a La Malinche juntos como uno solo) fue una de las veinte esclavas entregadas al conquistador Hernán Cortés y a los demás españoles en 1519. Esto significa que en algún momento se cambiaron las fechas, ya que se cree que La Malinche no nació hasta alrededor de 1496-1501.

La relación de La Malinche y Cortés se inició casi desde el principio. Ella actuó como su intérprete con los demás pueblos de la zona de Tabasco, ya que hablaba tanto el maya como el náhuatl, y como consejera política. Es cierto que dio a luz a uno de los hijos de Cortés -que al parecer fue el primer mestizo, o sea, la gente de herencia mixta europea e indígena americana-, pero es poco probable que La Malinche ahogara a su hijo.

De hecho, después de ayudar a Cortés a evitar una rebelión en la actual Honduras, así como a establecer la actual

Ciudad de México, se casó con Juan Jaramillio, un hidalgo español. Con él tuvo una hija, y los historiadores coinciden en que no saben qué pasó con La Malinche después de esto. Se cree que pudo morir en 1529, justo diez años después de la conquista de México-Tenochtitlan.

Su hijo, don Martín, sí regresó a España con su padre Cortés, donde fue criado por su familia española. En cuanto a Doña María, la hija de La Malinche con su Jaramillo, fue criada por su padre y su segunda esposa Doña Beatriz de Andrada.

Hoy en día, en México se considera a La Malinche como el arquetipo mítico de todas las mujeres mexicanas: valiente y arrojada, conocedora y maternal. En 1901, apareció en el billete de cinco pesos emitido por el Banco de Tabasco. En los años sesenta, la poeta Rosario Castellanos hizo de La Malinche el centro de un poema, en el que se la representaba no como una traidora entre su pueblo, sino como una víctima.

Pero con el tiempo, la cultura moderna también ha asociado esta figura histórica con La Llorona, la mujer llorona que no sólo perdió a sus hijos sino que los mató).

Y en los tiempos modernos, incluso ha habido quienes han afirmado ser La Llorona.

La Llorona en carne y hueso: En 1986, en el Búfalo Bayou que rodea la región de San Antonio, tuvo lugar un asesinato que sacudió al pueblo hasta el fondo.

Después de sufrir durante años los malos tratos de su marido, Juana Marie Leija se negó a seguir aguantando. Una mañana llevó a sus siete hijos a las oscuras y turbias aguas de Buffalo Bayou.

No hay mucha información sobre si los niños lucharon contra ella, pero Juana Marie Leija estaba demasiado perdida. No vio otra opción que acabar con la vida de sus hijos: arrojó al río a seis de sus siete hijos.

Dos de sus hijos, Juana y Judas Dimas, no sobrevivieron.

El resto fueron salvados por los socorristas que acudieron al lugar.

. . .

Como es de esperar, Juana Marie Leija protestó por su inocencia alegando que no había tenido elección; su marido era violentamente agresivo, tanto con ella como con los niños.

El tribunal dictaminó que Juana Marie Leija recibiría diez años de libertad condicional por la muerte de sus hijos y el intento de ahogar a sus otros hijos.

Pero hubo una cosa que les pareció extraña a los policías. Cuando le preguntaron a Juana Marie Leija por qué había cometido unos crímenes tan atroces, sí, afirmó que era para escapar de su marido. Pero también había otra razón, ¿y esa razón?

Juana Marie Leija afirmó ser la propia Llorona

10

Xtabay: Bruja de la selva de los mayas

EN LOS ARCHIVOS de la comisaría de Komchén, en la ciudad de Mérida, capital del estado mexicano de Yucatán, existe una interesante denuncia de desaparición. El suceso tuvo lugar a principios de la década de 1990 en las afueras de la ciudad y afectó a un hombre de 55 años llamado Isidro Kantún. Normalmente estaba en casa a las siete de la tarde, pero un día don Isidro no volvió del trabajo. Como su marido no salía después del trabajo a beber con sus amigos como otros hombres, ni llegaba nunca tarde, la mujer de Isidro se preocupó rápidamente.

Casi a medianoche, salió con sus hijos y familiares para formar un grupo informal de búsqueda de Isidro.

. . .

Empezaron en la parada de autobús situada a un kilómetro de su casa, un punto de recogida y entrega de Isidro, para el autobús que le llevaba y traía del trabajo a Mérida. La familia de Isidro fue de puerta en puerta preguntando a las personas que vivían cerca de la parada si habían visto a su querido patriarca. Nadie sabía nada y no había rastro de don Isidro. Por la mañana, varios miembros de la familia se desplazaron a Mérida. Tras visitar los hospitales y la Cruz Roja local, denunciaron a Isidro como persona desaparecida ante la policía. Algunos familiares buscaron en un tramo solitario de la carretera Progreso-Mérida, pero no encontraron nada.

Al tercer día, un centenar de personas en un área de varios cientos de kilómetros participaron en la búsqueda. Al quinto día de la desaparición de Isidro, unos jóvenes que caminaban por la carretera cerca de la parada de autobús de Isidro vieron a un hombre demacrado y angustiado sentado en una gran roca. Los jóvenes lo reconocieron porque todos los días veían a ese mismo hombre sentado en la roca para esperar su viaje a la ciudad: era el desaparecido Isidro. Inmediatamente llamaron a la policía y a la clínica local del pueblo porque Isidro parecía muy deshidratado y parecía que no había comido en varios días. Cuando Isidro intentó levantarse estaba tan débil que casi se desmaya.

. . .

Después de que Isidro recibiera el tratamiento inmediato que necesitaba en el hospital, llegó su familia. Les contó lo sucedido.

Caminó desde su casa hasta la parada del autobús y se sentó en la roca debajo de la ceiba, como hacía todas las mañanas de la semana. Mientras estaba sentado allí, a plena luz del día y en condiciones meteorológicas normales, Isidro oyó una voz que venía de la selva. Era una voz suave y femenina que parecía cantar su nombre. Cuando se dio la vuelta, vio a una hermosa mujer de largos cabellos negros vestida de blanco. Le sonrió y le pidió que la siguiera a las montañas. Eso fue lo último que recordó Isidro. Se despertó en la roca junto a la parada del autobús 5 días después sin recordar lo que había sucedido durante esos 5 días perdidos. Los ancianos de la zona que escucharon la historia pusieron los ojos en blanco y se preguntaron por qué Isidro, solo en el borde de la selva, no llevaba consigo semillas de la planta del anís. Una vez que se le apareció la aparición femenina, podría haber esnifado las semillas para salir del trance de la mujer. Los veteranos sabían lo que había pasado: Isidro se había encontrado con una Xtabay.

Los antropólogos y los folcloristas debaten hasta dónde llega la historia de la Xtabay en el tiempo.

Algunos afirman que se trata de una invención poscolonial que se remonta a unos pocos cientos de años. Otros dicen que la leyenda de la bruja de la selva es anterior incluso al apogeo de la civilización clásica de los antiguos mayas. Como muchas leyendas y cuentos populares, hay ligeras variaciones en esta historia.

El nombre de Xtabay proviene probablemente del nombre de una antigua diosa maya menor llamada Ix Tab que era la patrona de la caza mediante el uso de trampas y lazos. Se la representa como una mujer que lleva un lazo de verdugo. Algunos antropólogos también creen que Ix Tab era la diosa del suicidio, concretamente de la muerte por ahorcamiento. Los antiguos mayas consideraban que el suicidio era un acto noble e Ix Tab estaba allí para escoltar a los que se suicidaban hasta la otra vida. De los escritos de Diego de Landa, el famoso clérigo colonial español responsable de la destrucción masiva de artefactos mayas, incluida la famosa hoguera de los antiguos libros mayas el obispo afirma:

"Decían también y tenían por cierto que los que se ahorcaban iban a este su cielo; y por esta razón, había muchas personas que en leves ocasiones de penas, problemas o enfermedades, se ahorcaban para escapar de estas cosas e ir a descansar a su cielo, donde decían que los llevaría la diosa de la horca, a quien llamaban Ix Tab."

Es posible que en algún momento de la época colonial, o tal vez incluso antes, la antigua diosa maya de Ix Tab se haya transformado de alguna manera en un demonio de la selva que atrapa o atrapa a los hombres.

En un libro de 1998 del autor mexicano Jesús Azcorra Alejos, titulado *Diez leyendas mayas*, el escritor describe la historia moderna de la Xtabay con gran detalle. La leyenda comienza contando la historia de dos mujeres que vivían en un pequeño pueblo de Yucatán. En algunas historias son hermanas, pero en todas las versiones, ambas son muy hermosas. Sus nombres son Xkeban y Utz-colel. A Xkeban le gustaba alardear de su belleza y tenía la atención de muchos hombres, incluso de pueblos lejanos. Los aldeanos admiraban a Utz-colel por su virtud y pureza. A pesar de que Xkeban hizo muchas obras buenas por los pobres y atendió a animales y humanos enfermos, los habitantes del pueblo no podían ver más allá de su comportamiento promiscuo. Se burlaron de ella y la menospreciaron, sin valorarla por su buen corazón.

En un momento dado quisieron desterrar a Xkeban del pueblo, pero los aldeanos disfrutaban tanto atormentándola que no querían que se fuera.

. . .

La hermosa joven a la que el pueblo admiraba, Utz-colel, consideraba a todos inferiores a ella y, a diferencia de Xkeban, no ayudaba en absoluto a los demás. Hacía la vista gorda con los enfermos y hambrientos, y con todos los demás necesitados. Sin embargo, la gente del pueblo seguía admirando a Utz-colel, simplemente porque era casta y no retozaba con hombres extraños.

Durante una semana, Xkeban estuvo desaparecida, y la gente del pueblo pensó que había salido a retozar con hombres en un pueblo vecino. No fue hasta que alguien pasó por delante de la casa de Xkeban y percibió un olor dulce muy fuerte que los habitantes del pueblo se preocuparon. Cuando entraron en su casa para investigar, encontraron el cuerpo de Xkeban tendido en una cama.

Estaba sonriendo y parecía serena. Alrededor de la cama había hermosas flores. Varios animales a los que Xkeban había ayudado a recuperarse de la enfermedad velaban el cuerpo. El celoso Utz-colel dijo que la hermosa fragancia y las muchas flores eran simplemente un truco del diablo que intentaba engañarlos haciéndoles creer que Xkeban era algo especial. Los muchos necesitados a los que ayudó Xkeban le hicieron un funeral. Después de enterrarla, brotaron misteriosas flores cerca de su tumba. El viento llevó su aroma por todo el campo.

Utz-colel se puso celoso de toda la atención y declaró que una vez que ella muriera habría más flores y su cuerpo olería mejor que el de Xkeban porque durante toda su vida permaneció célibe. Cuando llegó el momento y Utz-colel murió, sin conocer a ningún hombre y casta hasta el final, para sorpresa de todos, olía fatal y no brotaron flores cerca de ella. El pueblo hizo un funeral para la vieja doncella Utz-colel con muchas flores alrededor de su tumba, colocadas allí por los aldeanos. Al día siguiente de la ceremonia, todas las flores estaban muertas y el horrible hedor regresó.

Al morir, ambas mujeres se transformaron en flores. La bondadosa Xkeban se convirtió en una flor de olor dulce llamada Xtabentun por los mayas, un tipo de gloria matutina conocida en inglés como Christmasvine o snakeplant. La amarga y celosa Utz-colel se convirtió en una apestosa flor de cactus llamada Tzacam. Descontenta con su destino tras la muerte, Utz-colel invocó a los espíritus malignos de la selva para que la transformaran de nuevo en mujer.

Utz-colel pensó que tal vez la razón por la que se convirtió en una flor maloliente después de la muerte fue porque durante la vida no conoció el amor de muchos hombres como lo hizo Xkeban.

Como nueva mujer Utz-colel tendría una segunda oportunidad, pero como era inexperta en el arte del amor no sabía cómo ganarse el afecto de un hombre. Sólo engañando y atrapando a los hombres podía experimentar el amor.

Así que ahora Utz-colel vaga por los bosques y las carreteras secundarias de Yucatán, aprovechándose de los hombres desprevenidos, y se ha ganado el apodo de Xtabay.

La Xtabay acecha por la noche, no sólo en las zonas boscosas o rurales, sino a veces en las ciudades en busca de hombres borrachos. En algunos casos, como el de Isidro Kantún, puede aparecer a plena luz del día sólo si no hay nadie más cerca en una distancia considerable.

Viste de blanco, a veces con velo, y su larga melena negra le cae por encima de los hombros. Aunque los narradores y los testigos oculares consideran que la Xtabay es muy bella, tiene unos amenazadores ojos negros cuando se enfada. Suele esconderse detrás de una ceiba, que los mayas siempre han considerado sagrada y una especie de vínculo entre el cielo y el inframundo, la vida y la muerte.

. . .

La Xtabay atrae al hombre con su hermosa voz, como una sirena, y le promete amor. En algunas versiones de la historia, después de que la Xtabay se haya salido con la suya, se convierte en una serpiente y lo devora. En otras versiones, arroja a su víctima por un acantilado o se come el corazón del hombre después de haber terminado con él.

La Xtabay se compara a menudo con la leyenda de la Llorona, pero en lugar de arrebatar a los niños de las orillas de los ríos y las acequias, la Xtabay tiene como objetivo a los hombres adultos. Tanto la Llorona como la Xtabay sirven como cuentos de advertencia. Mientras que los padres cuentan la historia de la Llorona para asustar a los niños y evitar que jueguen cerca del agua corriente, la historia de la Xtabay advierte a los hombres de que no se alejen demasiado del hogar. Una noche de copas o la idea de alejarse del matrimonio pueden hacer que un hombre descarriado se cruce con la Xtabay, lo que tendría consecuencias peligrosas.

Como ocurre con la mayoría de los mitos y leyendas, mucha gente se pregunta si la historia de la Xtabay podría estar basada en una entidad femenina demoníaca real que vive en la selva, o en algo totalmente distinto.

. . .

Hay informes policiales, como el presentado en nombre de Isidro Kantún, y otros testimonios de testigos presenciales, que hablan de encuentros en la vida real con algo que se ajusta a la descripción de la Xtabay. La gente ha tenido avistamientos similares durante bastante tiempo en todo Yucatán. Un octogenario del pueblo de Ticul, un hombre llamado Víctor Mata, afirma haber visto a la Xtabay varias veces, y en cada una de ellas ha vencido su canto hipnotizador al oler las semillas de anís. Aunque interesante, el testimonio del señor Mata no goza de mucha credibilidad por parte de los investigadores serios que exigen fotografías y pruebas físicas. En el mundo actual, en el que el nivel de exigencia de las pruebas es tan alto, quizá nunca se confirme que la Xtabay es un fenómeno real. Por ahora, acecha en las selvas de Yucatán, y tal vez en la imaginación, de pie detrás de la ceiba, esperando su próxima víctima

11

La Santa Compaña, la procesión de los malditos

Como adulto, Bruno Alabau cuenta una historia de la primavera de 1982:

"Yo era un boy scout y estaba acampando con mis amigos durante el fin de semana. Después de la cena, por la noche, mis amigos y yo jugamos al escondite. Decidí rodear el campamento por el bosque y bajar hacia el sendero, cuando vi unas luces. Pensé que podría ser uno de mis compañeros, así que me escondí detrás de uno de los árboles para darles un susto, pero resultó ser yo el asustado: no me preguntéis qué era, pero vi a siete personas en dos filas de tres dirigidas por otra figura.

Todos iban vestidos igual, con túnicas que terminaban en capuchas, como las que se usan en Semana Santa.

. . .

La primera figura llevaba una gran cruz que parecía hecha de dos tablas planas, mientras que los líderes de cada fila llevaban grandes velas; los demás iban con las manos vacías. Me quedé allí, paralizado, hasta que pasaron justo delante de mí y se perdieron entre los árboles. Volví corriendo al campamento, pero no me atreví a contarle a nadie lo que había pasado, ya que sólo me dirían que estaba loca".

Sofía Pérez cuenta que vio algo parecido:

"Tenía ocho años cuando ocurrió esto. Mi madre y yo habíamos salido a visitar a una amiga y estábamos caminando por un sendero detrás de mi casa, cerca del cementerio. No era muy tarde, pero como era invierno, oscureció muy pronto. Justo cuando llegamos al cruce, oí un fuerte ruido de pasos, como si se acercara mucha gente. Le pregunté a mi madre si lo había oído, y me dijo que sí. Mi madre y yo nos quedamos paralizados. Yo era muy joven y no entendía bien lo que estaba viendo, pero mi madre estaba aterrorizada. Me abrazó y me dijo que no hiciera ruido... Al final de la larga procesión vimos a una mujer: "Tía Preciosa", ¡una de nuestras vecinas! Vivía unas casas más arriba de la nuestra, y reconocí su forma de caminar, ya que cojeaba. Sin embargo, la vimos claramente.

Llevaba algo parecido a un palo en la mano y una especie de piedra que parecía mármol, pero que era muy, muy brillante. Pasó junto a nosotros como un fantasma y se fue con la extraña procesión".

Tanto Bruno como Sofía fueron testigos de la Santa Compaña, o Procesión de los Malditos.

Los avistamientos modernos de la Santa Compaña son ahora raros, pero eran más comunes a finales del periodo colonial hasta el siglo XIX. También conocida como La Güestia, La Estadea, La Estatinga o La Pantaruxada, entre otros nombres, la leyenda habla de una procesión de figuras encapuchadas de blanco, a veces en dos filas, a veces en fila india, con un líder que lleva una cruz y/o un caldero de agua bendita. La marcha comienza siempre al filo de la medianoche y termina al amanecer. Se dice que las figuras encapuchadas son almas atormentadas o almas liberadas momentáneamente de la condenación eterna para caminar por la tierra y participar en este ritual.

Llevan velas y a veces van acompañadas de orbes luminosos, que a menudo se confunden con ovnis. El olor a cera de las velas suele preceder al avistamiento de la Santa Compaña.

La procesión se mueve en silencio y a veces está rodeada de una niebla ligeramente luminiscente. El líder de la procesión, según la leyenda, puede adoptar varias formas diferentes y cumplir distintas funciones. A veces, el líder es sólo una de las almas atormentadas que se alistan para participar en la procesión. En otras versiones de la leyenda, el líder de la Santa Compaña es un niño pequeño que lleva la misma ropa que los espíritus que dirige.

Si un testigo mira a los ojos huecos del niño, significa la muerte en 24 horas. La leyenda más común dice que un miembro de los vivos dirige la procesión. Esta persona viva está en trance y se ve obligada por fuerzas sobrenaturales a guiar a la Santa Compaña, sin saber que es partícipe de este macabro acontecimiento. Cuando la procesión termina al amanecer, el líder humano regresa a su casa para dormir y se despierta sintiéndose extremadamente cansado y espiritualmente agotado y sin poder recordar lo que sucedió la noche anterior. El participante humano está oficialmente bajo una maldición y está condenado a liderar la procesión cada día a medianoche hasta que la maldición se rompa.

Si la maldición no se rompe, él o ella palidecerá, se marchitará y morirá en cuestión de semanas.

La única manera de que el líder vivo de la procesión levante la maldición es pasar la cruz y el caldero a un transeúnte desprevenido mientras forma parte de la marcha fantasmal. La persona que recibe la cruz y el caldero es ahora la víctima de la maldición y también se enfrentará a la muerte si no pasa las galas de la Santa Compaña a otra víctima desprevenida.

Presenciar el paso de la Santa Compaña nunca es algo bueno. La procesión siempre indica que algo malo va a ocurrir, normalmente en las 24 horas siguientes a verla.

La mayoría de las leyendas dicen que la marcha de la Santa Compaña termina en un pueblo o ciudad o frente a una casa concreta donde está a punto de producirse una muerte. El testigo de esta extraña comparsa puede experimentar desde pequeños percances y mala suerte hasta una muerte brutal y agónica. Existen remedios para la persona que experimenta el paso de la Santa Compaña.

La víctima debe dibujar inmediatamente una versión en tiza de un Círculo de Salomón en el suelo y tumbarse boca abajo en medio de él. Este dibujo consiste en una estrella de seis puntas dentro de un círculo.

· · ·

En algunas versiones de la leyenda se puede utilizar un gato negro para evitar la maldición de presenciar la Santa Compaña. El gato negro se ata a una estaca y se pone en el camino de la procesión. Después de dejar el gato, si el testigo huye lo suficientemente rápido, no habrá maldición.

En algunas versiones de la historia, ciertos gestos con las manos también ofrecen protección contra todos los males de ser testigo. Los gestos con las manos incluyen hacer cuernos del diablo extendiendo los dedos índice y meñique y contrayendo los demás, o cerrando la mano en un puño y poniendo el pulgar entre los dedos índice y corazón.

Algunos testigos que son extremadamente sensibles pueden ver toda la Santa Compaña con gran detalle, mientras que otros sólo pueden ver las luces de las velas o los pequeños orbes de luz que rodean la procesión. Otros sólo pueden sentir una ligera brisa y oler la cera de las velas y experimentar sensaciones de susto o piel de gallina.

¿De dónde procede la leyenda de la Santa Compaña?

. . .

Las oleadas de inmigrantes del norte de España trajeron la leyenda al Nuevo Mundo en el siglo XVII. México recibió tres grandes flujos de personas procedentes de las regiones septentrionales españolas de Galicia, Asturias y el País Vasco. La primera oleada se produjo a finales del siglo XVII, un siglo y medio después de la conquista española. La siguiente oleada se produjo en el México recién independizado de la década de 1830, cuando las condiciones económicas del norte de España obligaron a la gente a marcharse. La tercera afluencia se produjo en la década de 1880, cuando México ofreció incentivos a los extranjeros para que se asentaran en zonas poco habitadas del país. Con los colonos del norte de España también llegó la leyenda y luego vinieron los avistamientos reportados por la gente. Aunque llegó a México desde el norte de España, la procesión de los condenados tiene sus raíces en el folclore de la Edad Media europea.

Como ya se ha mencionado, uno de los nombres alternativos de la Santa Compaña es La Estatinga. Esta palabra puede derivar del inglés antiguo Herlathingi, o "La Compañía de los Muertos", relacionada con el mítico y antiguo gobernante británico Rey Herla. El Herlathingi fue descrito por primera vez por el archidiácono de Oxford del siglo XIII llamado Walter Map, que escribió sobre él en su libro titulado De nugis curialium.

. . .

Según Map, el rey Herla y su séquito viajaron a un reino gobernado por un enano pelirrojo con pezuñas de cabra para asistir a la boda del rey enano. Por lo que describe Map, el antiguo rey británico se deslizó a lo que parece ser otra dimensión para asistir a la boda. Terminada la boda, el rey Herla volvió al mundo humano y al entrar en él sus jinetes se convirtieron lentamente en polvo y luego en fantasmas. El rey también sucumbió a este destino.

Así, Herla y sus hombres fueron condenados a caminar por la tierra como eternos vagabundos marchando en forma fantasmal. Durante siglos, la gente ha afirmado ver la procesión espectral del rey Herla con túnica blanca. El Herlathingi está relacionado con un motivo folclórico europeo más antiguo llamado "La caza salvaje" que se encuentra sobre todo en los países germánicos y escandinavos. El motivo suele consistir en el paso de cazadores sobrenaturales o fantasmales que persiguen una pieza de caza. Los cazadores pueden ser hadas, duendes o muertos. La procesión, al igual que la Santa Compaña actual, tiene un líder. En la leyenda germánica, el líder suele ser el dios Woden. En otras versiones, el líder es un jinete sin cabeza. En raras ocasiones, los espíritus de la procesión llevan ataúdes. La Cacería Salvaje suele estar precedida por el sonido de los perros que ladran, los tambores que suenan o los toques de trompeta.

· · ·

Al igual que en la leyenda de la Santa Compaña, las personas vivas pueden ser arrancadas de su sueño para formar parte de la procesión, y al igual que en la versión española/mexicana de la historia, ver a este extraño grupo de marchantes no augura nada bueno para el testigo. El testigo puede ser víctima de la mala suerte o de una muerte horrible. A veces, los espectadores de la procesión también eran raptados por miembros del reino de las hadas y llevados al inframundo. Mitos similares de procesiones fantasmales se encontraban en toda la antigua Europa occidental y llegaban hasta el este de la actual Eslovenia.

Como sucede con la mayoría de las cosas paranormales e inexplicables, el investigador serio y el medianamente curioso se quedan con la pregunta: "¿Podría la Santa Compaña tener alguna base en la realidad?" Muchos testigos del fenómeno no han estado expuestos previamente a la leyenda, así que ¿qué están viendo? ¿Actividad de culto? ¿Procesiones religiosas imaginarias? ¿Bromas? Rara vez se investiga, por ahora la Santa Compaña seguirá siendo un enigma envuelto en el misterio.

12

Guadalajara fantasma

La zona metropolitana de Guadalajara cuenta con más de 5 millones de personas, y la ciudad de Guadalajara propiamente dicha tiene 1,5 millones de habitantes.

Capital del estado de Jalisco, la ciudad fue fundada en su emplazamiento actual en 1542 por Cristóbal de Oñate, un conquistador del País vasco. A diferencia de muchos de los principales asentamientos españoles en la Nueva España, Guadalajara no se construyó en el emplazamiento de un antiguo pueblo indígena. La ciudad creció hasta convertirse en un importante centro comercial desde el principio y actualmente es la tercera ciudad y la segunda área metropolitana más grande de todo México.

. . .

Guadalajara tiene una larga y rica historia y, como es lógico, muchas historias de fantasmas y lugares encantados. Aquí tienes cinco.

El Palacio de las Vacas: En la década de 1890, el primo del presidente de México Porfirio Díaz, un hombre llamado Segundo Díaz, construyó una opulenta residencia en la calle de San Felipe, en pleno centro de la ciudad. La construcción de esta casa palaciega finalizó en 1910, año en que comenzó la Revolución Mexicana. La casa tenía 24 habitaciones, dos comedores, una capilla, 4 patios y diez baños. Además, se asentaba sobre un gran terreno. Una parte de la propiedad fue vendida al hermano de Segundo Díaz, Miguel, que convirtió el terreno en un diario.

Las vacas podían vagar libremente por los patios y jardines, por lo que el lugar recibió el apodo de "Palacio de las Vacas". Con el tiempo, la familia Díaz vendió las propiedades y el Palacio de las Vacas se utilizó como escuela para niñas, escuela primaria, escuela secundaria, teatro y lugar de tapicería y posiblemente incluso como burdel. El magnífico edificio cayó en abandono y en la década de 1970 un propietario privado intentó destruir el edificio pero dejó el trabajo sin terminar.

. . .

Los transeúntes y los vecinos decían que el viejo edificio en ruinas no podía ser destruido debido a los muchos espíritus que se instalaron en el palacio abandonado. La propiedad se vendió dos veces, a dos estadounidenses que tenían grandes planes para la que fuera una gran casa, y durante un corto periodo de tiempo existió allí un pequeño café conocido en toda la ciudad por su celestial tarta de queso. El café realizaba visitas a los pisos superiores del Cow Palace, que no había sido restaurado y seguía en muy mal estado.

Muchas de las personas que realizaban las visitas afirmaban haber visto sombras o haber oído gritos. Los que tuvieron esos encuentros dijeron que eran de niños pequeños. Algunos teorizan que los fantasmas se remontan a la época en que el palacio servía de escuela, mientras que otros creen que los gritos y las imágenes fantasmales son de niños que habían jugado entre las peligrosas ruinas a lo largo de los años y habían muerto accidentalmente. En la actualidad, el Palacio de las Vacas ha vuelto a ser tapiado y los fantasmas que allí residen viven en relativa paz.

La Casa de los Perros: Hay algunas leyendas relacionadas con esta vieja mansión que en su día albergó la primera imprenta de Guadalajara en 1792.

Mucho después de que se trasladaran las prensas, el opulento edificio, situado en la antigua zona colonial de la ciudad, se convirtió en una residencia privada. A principios del siglo XX, un acaudalado comerciante de café compró la casa y vivió allí durante muchos años en soledad. El hombre se llamaba Jesús Antonio Flores.

A la edad de 70 años se casó finalmente. Su joven esposa se llamaba Ana González, y se dedicó a redecorar la casa, que tenía una sensación misteriosa y cerrada. En un viaje a Europa, el barco en el que viajaban se encontró con una terrible tormenta y el casco estuvo a punto de romperse. Mientras el barco se hundía, los esposos pensaron que no sobrevivirían e hicieron un pacto entre ellos: Ambos juraron que si uno sobrevivía, el otro rezaría el rosario en el aniversario de la muerte del fallecido.

Afortunadamente, ambos sobrevivieron y regresaron a México. Ana siguió reformando su mansión y encargó a Nueva York dos esculturas de perros para colocarlas en el tejado de la casa y que actuaran como guardianes simbólicos. Así fue como la casa recibió su nombre: La Casa de los Perros.

. . .

Unos años más tarde, Don Jesús falleció y Ana se volvió a casar, olvidando rezar el rosario en el aniversario de su muerte como habían prometido en el barco que se hundía. En consecuencia, la mala suerte se cebó con Ana y acabó perdiendo la casa.

Se dice que todo aquel que vaya al mausoleo de Jesús Flores en el Cementerio de Mezquitlán y rece una novena de rosario a medianoche en el aniversario de la muerte del hombre sosteniendo una sola vela tiene la oportunidad de conseguir el título de la famosa Casa de los Perros. Muchas personas lo han intentado, pero nadie ha conseguido la propiedad mágica de la casa. Desde la muerte de Don Jesús se han reportado muchas cosas paranormales en la antigua residencia de este hombre.

Los vecinos alegan que, a veces, en el aniversario de su muerte, la escultura del perro que queda en el tejado desaparece.

El hospicio Cabañas: Uno de los complejos hospitalarios más antiguos y grandes de América existe en el corazón colonial de Guadalajara, justo al este de la catedral metropolitana de la ciudad.

. . .

Construido entre 1791 y 1829, el complejo neoclásico sirvió durante la mayor parte de su tiempo como hospital, asilo de pobres y orfanato. Dejó de servir para esos usos en 1980 y se convirtió en Patrimonio de la Humanidad de la UNESCO en 1997.

En la actualidad, el magnífico Hospicio alberga el Instituto Cultural Cabañas y los visitantes pueden disfrutar de un museo y de las escuelas de artes y oficios que se encuentran en el recinto. Debido a su larga utilización como casa para los pobres, como orfanato y como hospital, hay muchas leyendas y relatos de actividad paranormal en torno al gran edificio. Según muchos historiadores, en el Hospicio se instaló el primer reloj de Guadalajara. Este reloj se paraba siempre sin motivo, y la gente empezó a afirmar que cuando el reloj se paraba un niño del orfanato o del hospital moría. Eso hizo que se rumoreara que el mismísimo diablo merodeaba por el Hospicio atormentando a los niños enfermos y huérfanos y que finalmente los mataba, intentando robar sus almas.

La gente que trabajaba en el Hospicio estaba tan asustada por lo que ocurría que el reloj acabó siendo retirado.

. . .

Sin embargo, las almas de los niños que fallecieron cuando el reloj se detuvo siguen en un estado de limbo y se dice que sus espíritus siguen rondando los terrenos del Hospicio hasta el día de hoy.

La Casa del Trébol Negro: Situada en el barrio de la Colonia Americana de Guadalajara, en español se llama La Casa del Trébol Negro. Esta lujosa casa fue construida por un miembro menor de la nobleza británica, un hombre llamado Lord Duncan Cameron. En cada habitación, Lord Duncan hizo pintar un trébol negro como recuerdo de la historia de su familia y del país que dejó atrás. El hijo de Lord Duncan, George, se casó con una hermosa joven llamada Josefina Rivera, que procedía de una familia adinerada del estado mexicano de Durango.

George y Josefina vivieron en esa casa y criaron allí a varios hijos.

Según la leyenda, una de sus hijas adolescentes se ahorcó en su habitación. Este fue el comienzo de mucha agitación en la familia. Josefina acabó llevándose a los niños y dejando a George, que viviría el resto de su vida en la vieja mansión, que poco a poco se iba deteriorando.

. . .

Tras la muerte de George, un propietario posterior compró la casa con la intención de restaurarla. Tras instalarse en ella, por alguna razón desconocida, este hombre no tardó en suicidarse, así como su mujer y su hija. Según los vecinos y testigos presenciales, a primera hora de la mañana se oyen gritos procedentes de la casa y se ven sombras a través de las ventanas.

También se ha visto a una mujer vestida de blanco merodeando por la propiedad por la noche. Los testigos también han afirmado haber visto rezumar sangre de las paredes. La gente que vive y trabaja en la zona sabe que debe mantenerse alejada de la Casa del Trébol Negro.

La fecha fue el 24 de mayo de 1882. Una gran tormenta estaba a punto de azotar Guadalajara. Un joven matrimonio estaba acostando a su hijo, un niño que no tenía ni 10 años. Se llamaba Ignacio Torres Altimirano. Sus padres y abuelos llamaban cariñosamente al pequeño "Nachito". Como Nachito tenía miedo a la oscuridad, siempre tenía que dormir con dos antorchas encendidas fuera de la ventana de su habitación y dormía con las ventanas abiertas. Esa noche de mayo, cuando la tormenta azotó Guadalajara, las antorchas se apagaron.

. . .

Al día siguiente por la mañana, la madre de Nachito entró en su habitación y enseguida se dio cuenta de que algo iba mal porque la habitación estaba muy fría. Corrió a la cama de su hijo y encontró a Nachito inmóvil y tan frío como la habitación. Más tarde se determinó que Nachito había muerto de un ataque al corazón esa noche debido a su intenso, casi patológico, miedo a la oscuridad. Comenzaron a correr rumores de que el corazón del joven había explotado dentro de su pecho y que la horrible muerte de Nachito era el resultado de una maldición o era obra de los demonios. Nachito fue rápidamente enterrado en el cementerio cercano -llamado por los lugareños, El Panteón de Belén- y la extrañeza que comenzó con su muerte no terminó rápidamente. A la mañana siguiente, el féretro del niño fue hallado desenterrado de la tierra y reposando tranquilamente junto al agujero que era la tumba de Nachito.

Los padres y los vecinos se alarmaron y el cuidador del cementerio volvió a enterrar el ataúd del niño. A la mañana siguiente, ocurrió lo mismo, y volvió a suceder durante 9 días consecutivos. Los padres de Nachito llegaron a la conclusión de que, como el niño tenía tanto miedo a la oscuridad, no quería ser enterrado en la tierra, lejos de la luz. La solución fue crear un ataúd de piedra que se apoyara en 4 pilares cortos sobre el suelo, para que la tumba de Nachito pudiera ver siempre la luz del sol.

Desde el momento de la muerte de Nachito, muchas personas que visitan el cementerio han afirmado haber visto o escuchado a un niño pequeño que coincide con la descripción de Nachito, o han visto misteriosos globos que flotan uniformemente a un metro y medio sobre el cementerio como si los llevara un niño pequeño. Extrañamente, la tumba de Nachito atrae a curiosos de todas partes de México, algunos de los cuales le dejan un juguete y le piden un favor. El Día del Niño -30 de abril- y el día de Navidad, especialmente, la zona que rodea la última morada de Nachito puede quedar cubierta de pequeños juguetes y animales de peluche. Los cuidadores del cementerio siempre donan las ofrendas a los hospitales locales y los artículos acaban en manos de niños con enfermedades terminales. Desde el más allá, el pequeño Nachito sigue influyendo en el mundo de los vivos desde su hogar permanente en este cementerio.

Conclusiones

UNA FIGURA SOMBRÍA se precipitó por la puerta. "Tenía un cuerpo esquelético, rodeado de un aura blanca y borrosa", recuerda Dom. La figura revoloteaba y no parecía tener rostro. Dom, que prefiere utilizar sólo su nombre de pila, estaba profundamente dormido. Con sólo 15 años, se asustó y cerró los ojos. "Sólo lo vi durante un segundo", recuerda. Ahora es un joven adulto que vive en el Reino Unido. Pero sigue recordando la experiencia vívidamente.

¿Era la figura un fantasma? En la mitología de Estados Unidos y de muchas otras culturas occidentales, un fantasma o espíritu es una persona muerta que interactúa con el mundo de los vivos.

. . .

En las historias, un fantasma puede susurrar o gemir, hacer que las cosas se muevan o se caigan, manipular aparatos electrónicos e incluso aparecer como una figura sombría, borrosa o transparente.

Las historias de fantasmas son muy divertidas, especialmente en Halloween. Pero algunas personas creen que los fantasmas son reales. La Universidad de Chapman, en Orange (California), realiza una encuesta anual en la que pregunta a los habitantes de Estados Unidos sobre sus creencias en lo paranormal. En 2018, el 58 por ciento de los encuestados estuvo de acuerdo con la afirmación: "Los lugares pueden estar embrujados por espíritus." Y casi una de cada cinco personas de Estados Unidos dijo en otra encuesta, realizada por el Centro de Investigación Pew en Washington, D.C., que ha visto o ha estado en presencia de un fantasma.

En los programas de televisión de caza de fantasmas, la gente utiliza equipos científicos para intentar grabar o medir la actividad de los espíritus. Y numerosas fotos y vídeos espeluznantes hacen creer que los fantasmas existen. Sin embargo, ninguno de ellos es una buena prueba de la existencia de fantasmas. Algunas son bromas, creadas para engañar a la gente.

. . .

El resto sólo demuestran que los equipos a veces pueden captar ruidos, imágenes u otras señales que la gente no espera. Los fantasmas son la menos probable de las muchas explicaciones posibles.

No sólo se supone que los fantasmas son capaces de hacer cosas que la ciencia dice que son imposibles, como volverse invisible o atravesar paredes, sino que además los científicos que utilizan métodos de investigación fiables han encontrado cero pruebas de que los fantasmas existan. Lo que sí han descubierto los científicos son muchas razones por las que la gente puede sentir que ha tenido encuentros con fantasmas.

Lo que muestran sus datos es que no siempre se puede confiar en los ojos, los oídos o el cerebro.

Soñar con los ojos abiertos: Dom comenzó a tener experiencias inusuales cuando tenía ocho o nueve años. Se despertaba sin poder moverse. Investigó lo que le ocurría. Y se enteró de que la ciencia tenía un nombre para ello: parálisis del sueño. Esta condición deja a alguien despierto pero paralizado, o congelado en el lugar. No puede moverse, ni hablar, ni respirar profundamente.

También puede ver, oír o sentir figuras o criaturas que no están realmente ahí. Esto se llama alucinación.

A veces, Dom alucinaba que había criaturas caminando o sentadas sobre él. Otras veces, oía gritos. Sólo vio algo esa vez, cuando era adolescente.

La parálisis del sueño se produce cuando el cerebro estropea el proceso de dormirse o despertarse. Normalmente, sólo empiezas a soñar cuando estás completamente dormido. Y dejas de soñar antes de despertarte.

La parálisis del sueño "es como soñar con los ojos abiertos", explica Baland Jalal. Este neurocientífico estudia la parálisis del sueño en la Universidad de Cambridge (Inglaterra). Dice que por eso se produce: Nuestros sueños más vívidos y reales se producen durante una determinada fase del sueño. Se llama sueño de movimientos oculares rápidos, o REM. En esta fase, los ojos van de un lado a otro bajo los párpados cerrados. Aunque los ojos se mueven, el resto del cuerpo no puede hacerlo. Está paralizado. Lo más probable es que sea para evitar que la gente actúe en sus sueños. (¡Eso podría ser peligroso!

. . .

Imagínate agitando los brazos y las piernas mientras juegas al baloncesto en sueños, sólo para golpearte los nudillos contra la pared y caer al suelo).

Por lo general, el cerebro desactiva esta parálisis antes de despertarse. Pero en la parálisis del sueño, te despiertas mientras sigue ocurriendo.

Caras en las nubes: No es necesario experimentar la parálisis del sueño para sentir cosas que no existen. ¿Alguna vez has sentido el zumbido de tu teléfono y luego has comprobado que no había ningún mensaje? ¿Ha oído que alguien le llama por su nombre cuando no había nadie? ¿Ha visto alguna vez una cara o una figura en una sombra oscura?

Estas percepciones erróneas también cuentan como alucinaciones, dice David Smailes. Es un psicólogo inglés de la Universidad de Northumbria, en Newcastle-upon-Tyne.

Cree que casi todo el mundo tiene este tipo de experiencias. La mayoría de nosotros las ignoramos. Pero algunos pueden recurrir a los fantasmas como explicación.

· · ·

Estamos acostumbrados a que nuestros sentidos nos den información precisa sobre el mundo. Por eso, cuando experimentamos una alucinación, nuestro primer instinto suele ser creerla. Si ves o sientes la presencia de un ser querido que ha muerto -y confías en tus percepciones-, entonces "tiene que ser un fantasma", dice Smailes. Eso es más fácil de creer que la idea de que tu cerebro te está mintiendo.

El cerebro tiene un trabajo duro. La información del mundo le bombardea como un revoltijo de señales. Los ojos captan los colores. Los oídos captan los sonidos. La piel percibe la presión. El cerebro trabaja para dar sentido a esta confusión. Esto se llama procesamiento ascendente. Y el cerebro es muy bueno en eso. Es tan bueno que a veces encuentra significado a cosas sin sentido. Esto se conoce como pareidolia. Se experimenta cuando se miran las nubes y se ven conejos, barcos o caras. O cuando miras la luna y ves una cara.

El cerebro también realiza un procesamiento descendente. Añade información a su percepción del mundo. La mayor parte del tiempo, hay demasiadas cosas que llegan a través de los sentidos. Prestar atención a todo ello te abrumaría. Así que el cerebro selecciona las partes más importantes. Y luego rellena el resto.

"La mayor parte de la percepción es el cerebro el que rellena los huecos", explica Smailes.

Lo que ves ahora mismo no es lo que hay realmente en el mundo. Es una imagen que tu cerebro ha pintado por ti a partir de las señales captadas por tus ojos. Lo mismo ocurre con los demás sentidos. La mayoría de las veces, esta imagen es exacta. Pero a veces, el cerebro añade cosas que no existen.

Por ejemplo, cuando escuchas mal la letra de una canción, tu cerebro añade un significado que no existe. (Y lo más probable es que siga escuchando mal esas palabras incluso después de aprender las correctas).

Esto es muy parecido a lo que ocurre cuando los llamados cazadores de fantasmas captan sonidos que dicen que son fantasmas hablando. (Lo llaman fenómeno de voz electrónica, o EVP.) La grabación es probablemente sólo ruido aleatorio. Si la escuchas sin saber lo que supuestamente se dijo, probablemente no oirás palabras. Pero cuando sepas lo que se supone que son las palabras, es posible que descubras que puedes discernirlas fácilmente.

. . .

Su cerebro también puede añadir caras a las imágenes de ruido aleatorio. La investigación ha demostrado que los pacientes que experimentan alucinaciones visuales son más propensos de lo normal a experimentar pareidolia: ver caras en formas aleatorias, por ejemplo.

En un estudio de 2018, el equipo de Smailes probó si esto también pudiera ser cierto para las personas sanas. Reclutaron a 82 voluntarios. Primero, los investigadores hicieron una serie de preguntas sobre la frecuencia con la que estos voluntarios tenían experiencias similares a las alucinaciones. Por ejemplo, "¿Alguna vez ve cosas que otras personas no pueden ver?" y "¿Alguna vez cree que las cosas cotidianas le parecen anormales?"

A continuación, los participantes observaron 60 imágenes de ruido en blanco y negro. Durante un breve momento, otra imagen parpadeaba en el centro del ruido. Doce de estas imágenes eran rostros fáciles de ver. Otras 24 eran rostros difíciles de ver. Y otras 24 imágenes no mostraban ninguna cara, sólo más ruido. Los voluntarios tenían que indicar si había una cara presente o ausente en cada flash. En otra prueba, los investigadores mostraron a los mismos voluntarios una serie de 36 imágenes. Dos tercios de ellas contenían una cara pareidolia. Las 12 restantes no.

. . .

Los participantes que inicialmente habían informado de más experiencias similares a las alucinaciones también eran más propensos a informar de la presencia de caras en los destellos de ruido aleatorio. Además, identificaban mejor las imágenes que contenían pareidolia facial.

En los próximos años, Smailes tiene previsto estudiar situaciones en las que las personas podrían ser más propensas a ver caras en la aleatoriedad.

Cuando la gente percibe fantasmas, señala, "suelen estar solos, en la oscuridad y asustados". Si está oscuro, el cerebro no puede obtener mucha información visual del mundo. Tiene que crear más de su realidad por usted. En este tipo de situaciones, dice Smailes, el cerebro puede ser más propenso a imponer sus propias creaciones a la realidad.

Cualquiera puede experimentar parálisis del sueño, alucinaciones, pareidolia o ceguera por falta de atención. Pero no todo el mundo recurre a los fantasmas u otros seres sobrenaturales para explicar estas experiencias. Incluso cuando era niño, Dom nunca pensó que se había encontrado cara a cara con un fantasma de verdad. Entró en Internet y se preguntó qué podría haber pasado.

Utilizó el pensamiento crítico. Y obtuvo las respuestas que necesitaba. Ahora, cuando ocurre un episodio, utiliza una técnica que Jalal desarrolló. Dom no intenta detener el episodio. Sólo se concentra en su respiración, intenta relajarse al máximo y espera a que pase. Dice: "Lo afronto mucho mejor. Simplemente duermo y disfruto durmiendo".

Robyn Andrews es estudiante de psicología en la Universidad de Gales del Sur, en Treforest. Se preguntaba si las personas con mayor capacidad de pensamiento crítico serían menos propensas a creer en lo paranormal. Así que ella y su mentor, el psicólogo Philip Tyson, reclutaron a 687 estudiantes para un estudio sobre sus creencias paranormales. Los estudiantes se especializaron en una amplia gama de campos diferentes. A cada uno se le preguntó hasta qué punto estaba de acuerdo con afirmaciones como: "Es posible comunicarse con los muertos". O "Tu mente o tu alma pueden abandonar tu cuerpo y viajar". El equipo de investigación también examinó las calificaciones de los estudiantes en una tarea reciente.

Según este estudio, los estudiantes con mejores calificaciones tienden a tener niveles más bajos de creencias paranormales.

. . .

Y los estudiantes de ciencias físicas, ingeniería o matemáticas tendían a no creer tan firmemente como los que estudiaban artes. Esta tendencia también se ha observado en otras investigaciones.

En este estudio no se evaluó la capacidad de pensamiento crítico de los estudiantes. "Eso es algo que podríamos estudiar en el futuro", dice Andrews. Sin embargo, investigaciones anteriores han demostrado que los estudiantes de ciencias tienden a tener una mayor capacidad de pensamiento crítico que los estudiantes de arte. Probablemente esto se deba a que es necesario pensar de forma crítica para realizar experimentos científicos. Y pensar críticamente puede ayudarte a buscar las causas probables de una experiencia inusual sin que haya fantasmas (o extraterrestres, o Pie Grande).

Sin embargo, incluso entre los estudiantes de ciencias y los científicos en activo, persisten las creencias paranormales. Andrews y Tyson creen que eso es un problema. Si no puedes juzgar si una historia de fantasmas o una experiencia espeluznante es real o no, también puedes dejarte engañar por anuncios, curas médicas falsas o noticias falsas, dice Tyson. Es importante que todo el mundo aprenda a cuestionar la información y a buscar explicaciones razonables y realistas.

Así que si alguien te cuenta una historia de fantasmas este Halloween, disfrútala. Pero mantén el escepticismo. Piensa en otras posibles explicaciones para lo descrito. Recuerda que tu mente puede engañarte para que experimentes cosas espeluznantes.

Espera, ¿qué hay detrás de ti? (¡Boo!)

Bibliografía

- Anson, Jay. *The Amityville Horror*. Estados Unidos: Gallery Books. 2019.
- Cox, Dale. *The Ghost of Bellamy Bridge*. Estados Unidos: Independently Published. 2012.
- Hubbell, Walter. *The Great Amherst Mystery*. Estados Unidos: Createspace Independent Publishing Platform. 2016.
- Mackley. M. *Spring-Heeled Jack*. Estados Unidos: Independently Published. 2020.
- Monahan, Brent. *The Bell Witch: An American Haunting*. Estados Unidos: St. Martin's Griffin. 2000.
- Radford, Benjamin. *Investigating Ghosts: The Scientific Search for Spirits*. Estados Unidos: Rhombus Publishing. 2018

- Rubinstein, Becky. *Leyendas de todo México*. México: Selector: 2015
- Salas, Santiago. *Leyendas Prehispánicas Mexicanas: Leyendas, mayas, aztecas, huicholes, zapotecas, mixtecas, entre otros*. México: Universidad Abierta. 2017

www.ingramcontent.com/pod-product-compliance
Lightning Source LLC
LaVergne TN
LVHW021717060526
838200LV00050B/2716